Gemeinwirtschaft und Gemeinwohl
Social Economy and Common Welfare

herausgegeben von | edited by
Dr. Philipp Degens
Mag. Dr. Andreas Exner
Dr. Jens Martignoni
Prof. Dr. Frank Schulz-Nieswandt

Band 10 | Volume 10

Frank Schulz-Nieswandt

Der Mensch zwischen Entfremdung und wahrer Form

Zur Metaphysik der Idee der Genossenschaft
im Lichte des Werkes von Paul Tillich

Onlineversion
Nomos eLibrary

Die Deutsche Nationalbibliothek verzeichnet diese Publikation in
der Deutschen Nationalbibliografie; detaillierte bibliografische
Daten sind im Internet über http://dnb.d-nb.de abrufbar.

ISBN 978-3-7560-1414-9 (Print)
ISBN 978-3-7489-1954-4 (ePDF)

1. Auflage 2023
© Nomos Verlagsgesellschaft, Baden-Baden 2023. Gesamtverantwortung für Druck
und Herstellung bei der Nomos Verlagsgesellschaft mbH & Co. KG. Alle Rechte, auch
die des Nachdrucks von Auszügen, der fotomechanischen Wiedergabe und der Über-
setzung, vorbehalten. Gedruckt auf alterungsbeständigem Papier.

Inhaltsverzeichnis

Vorwort	7
1. Orientierende Vorbemerkungen	13
2. Zwischen Wahrheit und Geschichte: Einleitung	23
3. Zur Geometrie der Offenbarungstheologien	49
4. Der post-säkularen Moderne auf der Spur	65
5. Spuren zur Morphologie der Metamorphosen der Selbsttranszendenz	71
6. Triadische Kategorien und die Grammatik einer transzendentalen Ontologie	75
7. Polyphonie des post-säkularen Menschen in der Moderne	99
8. Fazit: Wahrheit und Geschichte	109
9. Ausblick (I) Die Wahrheit der genossenschaftlichen Form	115
10. Ausblick (II): Der genossenschaftliche Sozialraum als humangerechter Weg in die konkrete Utopie	121
Nachwort: Das Theodizee-Problem im Lichte der Offenheit des Bedingten für die Immanenz des Unbedingten	141

Vorwort

Die vorliegende Abhandlung widmet sich der Idee der Genossenschaft als »wahre« Form des »guten Lebens«, die den Geschehensort einer Überwindung der Entfremdung darstellt. Entfaltet wird diese Idee in der vorliegenden Abhandlung im Lichte der »Theologie der Kultur« als religionsphilosophische und strukturontologische Dimension im Werk der Systematischen Theologie von Paul Tillich.

Hierbei liegt der Schwerpunkt auf der Destillation bedeutsamer Kristalle – ein kreatives Herausfiltern, also eine schöpferische Hermeneutik, weil sich ein Fokus auf die genossenschaftliche Konkretisierung der Gestalt-Form des Telos nicht unmittelbar bei Paul Tillich finden lässt – der Idee der Genossenschaft aus der Geschichtsphilosophie des Telos der Personalisierung im Denken von Paul Tillich heraus.

Entfremdung ist also in ihrer »depersonalisierenden«[1] Wirkung der Erzeugung einer ontologischen (bzw. transzendentalen) Obdachlosigkeit zu verstehen. Dies soll meinen: Der warenästhetische[2], geradezu animistische »Privatrechtsindividualismus« der Objektbesetzungen ist nach wie vor[3] die heute dominierende Gestalt dessen, was schon bei Aristoteles als »Pleonexie« problematisiert worden ist. Psychoanalytisch gesehen, handelt es sich um eine Form des destruktiven Narzissmus als charakterneurotische »Verstiegenheit«. Im Sinne der daseinsanalytisch fundierten, hermeneutisch-phänomenologischen Psychiatrie von Ludwig Binswanger[4] müssen wir sie als Modus der Daseinsverfehlung ansehen.

Das personale Selbst-Sein im Modus des gelingenden Mit-Seins verweist uns auf die Form der Genossenschaft. Das ist der Kontrast. Es ist eine Dialektik der Entwicklung: Denn modallogisch muss (als ein »Noch-Nicht«)

---

1 Im eher klinischen Sinne vgl. Michal, Matthias (2023): Depersonalisation und Derealisation. Die Entfremdung überwinden. 5., überarb. Aufl. Stuttgart: Kohlhammer.
2 Haug, Wolfgang Fritz (2009): Kritik der Warenästhetik. Gefolgt von Warenästhetik im High-Tech-Kapitalismus. 3. Aufl. Frankfurt am Main: Suhrkamp.
3 Trotz aller Modifikationen: Drügh, Heinz J./Metz, Christian/Weyand, Björn (Hrsg.) (2011): Warenästhetik. Neue Perspektiven auf Konsum, Kultur und Kunst. Frankfurt am Main: Suhrkamp.
4 Binswanger, Ludwig (2010): Drei Formen missglückten Daseins. Verstiegenheit, Verschrobenheit, Manieriertheit, (1956). Reprint. Berlin: De Gruyter.

erst noch werden, was bereits – als ein verborgener Kern, der auf sein Wachstum wartet, wobei dieses programmgenetische Werden das Wesen der Entelechie ausmacht – angelegt ist in der Wirklichkeit der geschichtlichen Faktizität.[5] Möglichkeit ist eine ontologische Strukturkategorie und Teil der Wirklichkeit. Wenn Tatsachen als Fakten einen Faktizitätsbegriff prägen, so muss die Möglichkeit zwar nicht als Faktizität, wohl aber als Teil der Wirklichkeit verstanden werden.

In ihrer Gestalt kann nun die genossenschaftsartige Daseinsvorsorge des Menschen im Sozialraum einen Weg in die Wahrheit des guten Lebens weisen. Was dies alles bedeuten mag, soll die vorliegende Abhandlung möglichst erläutern helfen. Die Rezeption von Paul Tillich ermöglicht eine ontologische Fundierung der Idee der Wahrheit des guten Lebens, die »epistemische Differenz«[6] zwischen der ontologischen Wahrheit der Form einerseits und der erfahrungswissenschaftlichen Wahrheit in Bezug auf die Faktizität andererseits fruchtbar nutzend, was auch wichtig sein wird für unser Verständnis der Kritischen Theorie, die eben nicht post-metaphysisch ist. Diese Differenz reflektiert die existenzanalytische ontologisch-ontische Differenz. Die historistische Rekonstruktion des empirischen konkreten Menschen[7] und seiner Existenz durch die erfahrungswissenschaftliche Sozialforschung malt ein Bild von der sozialen Wirklichkeit als so seiende Gestalt der geschichtlichen Situation, die immer ein seiendes Sein ist. Aus der Perspektive der epistemischen Differenz heraus muss sich jedoch auch die Frage der Humangerechtigkeit der geschichtlichen Situation der sozialen Wirklichkeit stellen lassen: Ist der Mensch[8] in seiner Einheit von Geist, Seele und Körper obdachlos oder hat er eine Heimat gefunden? Hat das Individuum die personale Form gefunden und ist in seinem schöpferischen Eros transzendental geborgen in Liebe, in Philia und Agape?

---

5 Dazu vor allem auch Schulz-Nieswandt, Frank (2024): „Das Leben ändern als ein Werden in wachsenden Ringen". Ein Essay zur Möglichkeit, über »Fortschritt« sinnvoll zu reden. Berlin: Duncker & Humblot (i. D.)
6 Schulz-Nieswandt Frank (2024): Die epistemische Differenz. Quo vadis: Eule der Minerva? Baden-Baden: Nomos (i. V.).
7 Brunner, Reinhard/Böhler, Martin (Hrsg.) (2022): Unterwegs zum Menschen. Beiträge zur philosophischen Anthropologie Helmut Fahrenbachs. Mössingen-Talheim: Talheimer.
8 Schulz-Nieswandt, Frank (2023): Der Mensch als geistiges Naturwesen bei Adolf Portmann (1897-1982). Reflexionsfragmente in Lichte eigener autobiographischer Perspektiven. Baden-Baden: Nomos.

Etwas anders entfaltet Helmut Fahrenbach die disziplinäre Architektur dieser Problematik im Rahmen seiner „Philosophie kommunikativer Vernunft".[9] Dabei hätte die »philosophische Anthropologie« die strukturellen und historischen Bedingungen der Lebensweise und Selbsterfahrung des Menschen zu klären, die »Philosophie der Praxis« die konkrete Analyse und Kritik der Lebenspraxis im Lichte ihrer Entwicklungsaufgaben und im Lichte der verhinderten Möglichkeiten zu leisten und die normativen Probleme einer kommunikativen Praxis solidarischen Handelns zu erörtern, wobei sich hier eben die von mir mit der epistemischen Differenz aufgeworfene Frage stellt, ob die Klärung der Normativität trotz der bei Helmut Fahrenbach angedeuteten endogenen Modallogik der historischen Prozesse ohne Metaphysik eines ontologischen Maßstabes möglich sein kann. Die Problemstellung der »Philosophie der Zukunft« wäre die thematisierende Arbeit an dem über die theoretischen Grundlagenfragen des Zukunftsdenkens hinausgehenden konkret-utopischen, also geschichtsorientierten und praxisbezogenen Entwurf eines besseren, also menschenwürdigeren Lebens der Menschen.

Die in Tiefe und Breite weiterführende Darlegung der Idee der Genossenschaft in der Welt der Daseinsvorsorge im Sozialraum erfolgt aber erst in einem weiteren Band[10], der in der Schriftenreihe „Gemeinwirtschaft und Gemeinwohl" erscheinen wird. Es handelt sich hierbei wiederum um eine weiterführende Vertiefung des vorliegenden Bandes. Der innere Zusammenhang ist aber nicht als unproduktive (ineffiziente) Redundanz zu verstehen, denn es handelt sich um eine sich wechselseitig vertiefende Komplementarität mit jeweils anderem Fokus.

In der vorliegenden Abhandlung dominiert die Interpretation der Gedankenwelt von Paul Tillich, während im zweiten Band das Denken von Paul Tillich zum Ausgangspunkt genommen wird, um sodann den Fokus auf die Konkretisierung der Metaphysik der Genossenschaft (als Form im Sinne einer ontologischen Strukturkategorie) mit Blick auf die Sozialraumverfassung und ihrer kommunalen Daseinsvorsorge zu legen.

Es geht dort (1) um den Innenraum der Genossenschaft als Sozialraum der Förderung der Lebenslagen der Mitglieder, (2) um die Genossenschaft im Sozialraum als Förderung der Lebensverhältnisse des Sozialraums

---

9 Fahrenbach, Helmut (2022): Philosophie kommunikativer Vernunft. Mössingen-Talheim: Talheimer.
10 Schulz-Nieswandt, Frank (2024): Genossenschaft, Sozialraum, Daseinsvorsorge. Die Wahrheit der Form und ihr Wirklich-Werden in der Geschichte im Ausgang von Paul Tillich. Baden-Baden: Nomos (i. D.).

als mitmenschliche Netzwerke (mit Sozialkapital-Funktion) einer solidarischen Sorgekultur (Caring Communitys) in den Quartieren und (3) um den Sozialraum selbst als verfasste Gemeinde als Genossenschaft.

Diese Ordnung[11] topologischer Metamorphosen konzentrischer Wachstumsrinden und somit im Sinne einer sozialen Geometrie der Diffusion als Dynamik räumlicher Ausdehnungskreise wird dort das Thema sein. Der Schwerpunkt wird allerdings nicht auf (1) liegen, sondern wird auf den Entfaltungen von (2) und (3) liegen, bleibt aber eingebettet zwischen der hermeneutischen Morphologie des Einzelgebildes des Wirtschaftens als Sorgekultur einerseits und sodann der kurzen Skizze der Idee der Genossenschaft als Organisationsprinzip auf nationaler, europäischer und völkerrechtlicher Ebene andererseits.

Was deutlich wird – und deshalb wird alsbald ein dritter Band[12] folgen – ist die Erkenntnis, dass die Genossenschaft als Form nicht nur in einem gemeinwohlökonomischen Kontext in der Polarität einer dualen Anordnung von

Privatwirtschaft ↔ Gemeinwirtschaft

eine morphologisch fassbare andere Art des Wirtschaftens ist, sondern dass sie den »ökonomischen Code« der marktorientierten besitzrechtsindividualistischen Wirtschaftslehre im Gesamtzusammenhang von Hauswirtschaftslehre, Betriebswirtschaftslehre der Unternehmen und der Volkswirtschaftslehre der Trinität von Arbeitsmärkten, Güter- sowie Dienstleistungsmärkten und Vermögensmärkten transgressiert zur Explikation der Vision einer ganz anderen – solidarischen – Lebensweise eines »guten Lebens« des sozialen Miteinanders im Geiste des Prinzips der Personalität.

---

11 Schlechtriemen, Tobias (2014): Bilder des Sozialen. Das Netzwerk in der soziologischen Theorie. München: Fink.

12 Schulz-Nieswandt, Frank (2024): Der Zweifaltigkeits-Code der Wirtschaftslehre. Strukturale Hermeneutik eines geistigen Klassifikationssystems. Baden-Baden: Nomos (i. D.). Dieser Band wird aber in der Schriftenreihe „Studien zum sozialen Dasein der Person" erscheinen, weil es hier auch um die Methodologie der Methode einer strukturalistischen Hermeneutik geht. Durch diesen methodologischen Zugriff wird dort versucht, den Kern des ökonomischen Codes der Mainstream-Wirtschaftslehre als spezifische Phänomenologie von Herr und Knecht zu dechriffrieren. Der im Geld ermöglichte Tausch ist die Schaffung einer Funktionsinterdependenz, die über die Vertragsform negativer Freiheit mit dem Risiko psychodynamischer und kulturgrammatischer Verstiegenheiten (vgl. auch Schulz-Nieswandt, Frank [2023]: Daseinsthematische Polaritäten in „Warrior Cats" [Staffel 1]. Eine kulturgrammatische und psychodynamische Analyse. Baden-Baden: Nomos) in narzisstischer und manischer Richtung und in Form kollektiv geteilten Wahns nicht hinauskommt.

Vorwort

Diese Perspektive auf eine andere Lebensweise als (sowohl kollektiv- wie auch individualseelische) Geist-Kultur der Art und Weise der sozialen Praktiken im Naturzusammenhang lebt von einer veränderten seelischen Aufstellung des Menschen (dies ist die Psychodynamik als Funktion der *Paideia* als Formung der Person), die der neuen Lebensweise eine andere pneumatische Kollektivseele (*Paideuma*) einhaucht. Und genau diese Vision wollen wir in der vorliegenden Abhandlung in der Sichtung des Beitrages des Werkes von Paul Tillich fundieren.

1. Orientierende Vorbemerkungen

Zwischen dem Vorwort und der Einleitung seien einige dimensionale Aspekte im Sinne orientierender Vorbemerkungen entfaltet.

1.1 Dimensionaler Aspekt: Forschungsautobiographische Kontexte

Die Kölner Schule der Genossenschaftsforschung, aus der Gerhard Weisser-Schule der Gesellschaftspolitiklehre der Sozialpolitik und der Gemeinwirtschaft erwachsend, weist heute – 2017 feierten wir den 90. Geburtstag[13] – ein Alleinsterstellungsmerkmal sowohl hinsichtlich der grundlagentheoretischen Fundierung als auch mit Blick auf Interdisziplinarität sowie in Bezug auf die daseinsthematische Vielfalt und auf die Diffusion in die Vielfalt der Handlungsfelder hinein auf. Dies gilt vor allem für das Werk von Werner Wilhelm Engelhardt[14], auch für Theo Thiemeyer[15] in Bochum, dessen Werk aber trotz aller Offenheit zur Vielfalt der Formen des Wirtschaftens im Zeichen der Dominanz des Sachzieles in der Gemeinwirtschaft in Abgrenzung zur For-Profit-Privatwirtschaft einen gewissen Fokus auf die Öffentliche Wirtschaft hatte. Das Werk von Siegfried Katterle[16] in Bielefeld, eher der Wirtschaftspolitik (weniger der Sozialpolitik) als Teil der Gesellschaftspolitik und ihrer metatheoretischen Fundierung gewidmet, spielt hier (mit Blick auf die Bedeutung des Paul Tillich-Kreises des religiösen Sozialismus) allerdings in ganz zentraler Weise hinein, während die ebenfalls

---

13 Schulz-Nieswandt, Frank (2017): Kölner Genossenschaftsforschung. Zur Geschichte und Aktualität eines Programms. In: Schulz-Nieswandt, Frank/Schmale Ingrid (Hrsg.): Genossenschaftswissenschaft an der Universität zu Köln: Die ersten 90 Jahre! Berlin: LIT: S. 21-50.

14 Schulz-Nieswandt, Frank (2022): Der »Dritte Weg« als gleichgewichtiges Anziehungszentrum. Sozialontologische Geometrie und Psychodynamik der Gemeinwirtschaft im Werk von Werner Wilhelm Engelhardt. Berlin: Duncker & Humblot.

15 Schulz-Nieswandt, Frank (2021): Gemeinwirtschaft. Grundriss einer Morphologie der dualen Wirtschaft. In memoriam Theo Thiemeyer (1929-1991). Berlin: Duncker & Humblot.

16 Dazu vor allem auch Schulz-Nieswandt, Frank (2020): Siegfried Katterle (1933-2019). Sein Werk im Lichte der politischen Theologie von Paul Tillich. Berlin: Duncker & Humblot.

I. Orientierende Vorbemerkungen

herausragende Gestalt von Ingeborg Nahnsen[17] in Göttingen stärker der sozialempirischen Sozialpolitiklehre zugeordnet werden sollte, dabei die Grundlagenfragen der Ethik der *Paideia* sowie überhaupt die Problematik der Normativität[18] eher in liberaler Weise meidend. Es kam in Göttingen zu einer Nachfolge, die nie die Breite und Tief der Wissenschaft von der Sozialpolitik vertrat. Analoges galt für die Nachfolge in Bochum und in Bielefeld. Die Kölner Schule der Sozialpolitik war somit an allen Standorten zu einem Ende gekommen. In Köln konnte die Kölner Schule jedoch wieder eine positive Entwicklung aufnehmen, allerdings in meiner Person[19] auch mit mancher Variation im Sinne von Metamorphosen, die jedoch, was mir wichtig ist, am Bezug zum ethischen Sozialismus nichts geändert haben. Der metatheoretische Begründungsrahmen veränderte sich[20], nicht die Haltung.

Die Einzelwirtschaftslehre blieb dabei im Zuge dieser Dynamiken erhalten und wurde vertieft gepflegt, aber eben auch transformiert. Vor allem in der Schnittfläche zur Sozialpolitiklehre und zur Daseinsvorsorge eröffneten sich dynamische Räume der Forschung, die auch die in vielen BA- und MA-Studiengängen verankerte Lehre prägten. Viele Dissertationen sind daraus erwachsen, wenngleich, bedingt durch die Denomination des Lehrstuhles für Sozialpolitik[21], der Schwerpunkt[22] auf der Alters-, Sozial-

---

17 Andretta, Gabrielle (1991): Zur konzeptionellen Standortbestimmung von Sozialpolitik als Lebenslagenpolitik. Regensburg: Transfer-Verlag.
18 Hogh, Philip/Ellmers, Sven (Hrsg.) (2017): Warum Kritik? Begründungsformen kritischer Theorien. Weilerswist: Velbrück.
19 Schulz-Nieswandt, Frank (2019): Die unvollkommene Paideia. Eine psychomotorische Hermeneutik meiner Odyssee zwischen Schicksal und Freiheit. Würzburg: Königshausen & Neumann.
20 Schulz-Nieswandt, Frank (2021): Meine Metaphysik-Kehre im Lichte der gemeinsamen Lehre mit Wolfgang Leidhold. In: Mandel, Claudius/Thimm, Philipp (Hrsg.): Experience - Implikationen für Mensch, Gesellschaft und Politik. Würzburg: Königshausen & Neumann: S. 199-217.
21 Schulz-Nieswandt, Frank/Köstler, Ursula/Mann (2021): Sozialpolitik und ihre Wissenschaft. Berlin u. a.: LIT. Vgl. auch Schulz-Nieswandt, Frank (2012): Die Sozialpolitik und ihre Wissenschaft im Spiegel der Zeitschrift „Sozialer Fortschritt". In: Sozialer Fortschritt 61 (5), S. 99-104.
22 Vgl. auch Schulz-Nieswandt, Frank u. a. (2014): Alterssozialpolitik, soziale Sicherung und soziale Ungleichheit (D, CH, A). In: Brandenburg, Hermann/Becker, Stefanie (Hrsg.): Gerontologie – Gerontologisches Fachwissen für in Pflege- und Sozialberufe - Eine interdisziplinäre Aufgabe. Bern: Huber: S. 117-159.

1. Orientierende Vorbemerkungen

und Gesundheitspolitik der Versorgungslandschaften[23] lag, vor allem auch (nicht nur infolge der Vallendarer Honorarprofessur für Sozialökonomie der Pflege[24] und infolge meiner leitenden Tätigkeit der Quasi-Altenberichtsforschung[25] beim Deutschen Zentrum für Alterfragen [DZA][26] oder infolge meiner Vorsitzrolle beim Kuratorium Deutsche Altershilfe[27]) auf der Pflegepolitik[28] quasi als Entwicklung einer »Gerontosozialpolitiklehre«[29] lag, später ergänzt wurde um das Feld der (Theorie[30] der) qualitativen Sozialforschung. Der Lebenszyklus-Bezug in dieser entwicklungspsychologisch fundierten Sozialpolitiklehre, aber auch die Rezeption der Kritischen Theorie der ersten Generation der Frankfurter Schule bewirkten zugleich eine psychoanalytische[31] Orientierung, die zu psychodynamischen Fundierun-

---

23 Vgl. auch Schulz-Nieswandt, Frank (2016): Im alltäglichen Labyrinth der sozialpolitischen Ordnungsräume des personalen Erlebnisgeschehens. Eine Selbstbilanz der Forschungen über drei Dekaden. Berlin: Duncker & Humblot.
24 Schulz-Nieswandt, Frank (2016): Sozialökonomie der Pflege und ihre Methodologie. Baden-Baden: Nomos sowie Schulz-Nieswandt, Frank (2022): Soziale Sicherung und soziale Ungleichheit – Grundriss der Morphologie der Sozialpolitik. In: Kürsten, Kathrin/Kautz, Heike/Brandenburg, Hermann (Hrsg,) Gerontologie kompakt. Bern: Hogrefe: S. 159-192.
25 Schulz-Nieswandt, Frank (2020): Die Altenberichte der Bundesregierung. Themen, Paradigmen, Wirkungen. In: Aner, Kirsten/Karl, Ute (Hrsg.): Handbuch Soziale Arbeit und Alter. 2. Aufl. Wiesbaden: Springer VS: S. 639-651.
26 Schulz-Nieswandt, Frank (2014): Ein Blick von Außen. Re-konstruktive Erzählung zur Gestaltentwicklung des DZA 1996-2014. In: DZA (Hrsg.): 40 Jahre DZA. Berlin: DZA, S. 72-86.
27 Ich verweise auch auf das Fachjournal »ProAlter« des KDA, das ich federführend herausgebe.
28 Schulz-Nieswandt, Frank/Köstler, Ursula/Mann Kristina (2021): Kommunale Pflegepolitik. Eine Vision. Stuttgart: Kohlhammer.
29 Dazu auch in Schulz-Nieswandt, Frank/Köstler, Ursula/Mann, Kristian (2022): Gestaltwerdung als Gelingen der Daseinsführung im Lebenszyklus. Das Erkenntnisinteresse der Kritischen Wissenschaft von der »gerontologischen Sozialpolitik«. Baden-Baden: Nomos.
30 Schulz-Nieswandt, Frank/Bruns, Anne/Köstler, Ursula/Mann, Kristina (2022): Was ist »struk-jektive Hermeneutik«? Objektive Hermeneutik, Dokumentarische Methode der praxeologischen Wissenssoziologie und post-strukturale Kritische Theorie. Baden-Baden: Nomos sowie Schulz-Nieswandt, Frank (2021): Rekonstruktive Sozialforschung als strukturale Hermeneutik. Eine dichte Grundlegung. Baden-Baden: Nomos.
31 Whitebook, Joel (2009): Der gefesselte Odysseus. Studien zur Kritischen Theorie und Psychoanalyse. Frankfurt am Main/New York: Campus.

I. Orientierende Vorbemerkungen

gen in fast allen Forschungsfragestellungen[32] führte. Auch die Positionierung in der Theorienlandschaft der Methoden qualitativer Sozialforschung war davon betroffen, wenn es um die Gewebestruktur einer Synthese von Hermeneutik, Phänomenologie und Strukturalismus geht.

1.2 Dimensionaler Aspekt: Modifikationen Kritischer Theorie

Die Problematik eines Gestaltwandels der »negativen« zur »sozialen« Freiheit, wie sie in den neueren Generationen der Kritischen Theorie diskutiert wird, wird auch von mir aufgegriffen (entgegen der instrumentellen Vernunft[33] des Besitzrechtsindividualismus[34], der im *homo digitalis* die Figur des entgrenzten Objektbesetzungswahn annimmt[35]), aber im Modus eines heiligen Bundes eidgenössischer Art als Grundlage der Verankerung der heiligen Idee der personalen Würde als eine »Miteinanderfreiheit in Miteinanderverantwortung«[36] gedacht. Damit verbunden ist eine humanistische Re-Lektüre der post-strukturalistischen Idee des de-zentrierten Subjekts im Modus einer responsiven Phänomenologie[37]. Erst die Verstrickung dieser verschiedenen Sichtweisen zu einer neuen Gewebestruktur führen uns zu der Idee einer Metaphysik der genossenschaftlichen Idee.

---

32 Schulz-Nieswandt, Frank (2020): Zur Bedeutung der Psychodynamik für die Sozialpolitik des Alter(n)s in Forschung und reflexiver Praxis. In: Psychotherapie im Alter 17 (3): S. 355-365.
33 Schulz-Nieswandt, Frank/Chardey, Benjamin/Möbius, Malte (2023): Zur Kritik der innovativen Vernunft. Der Mensch als Konjunktiv. Baden-Baden: Nomos.
34 Schulz-Nieswandt, Frank (2022): Gemeinwohl in einer Gesellschaft des privatbesitzrechtlichen Individualismus. Baden-Baden: Nomos.
35 Schulz-Nieswandt, Frank (2019): Die Formung zum Homo Digitalis. Ein tiefenpsychologischer Essay zur Metaphysik der Digitalisierung. Würzburg, Königshausen & Neumann.
36 Schulz-Nieswandt, Frank (2022): Der heilige Bund der Freiheit: Frankfurt – Athen - Jerusalem: eine Reise. Baden-Baden: Alber in Nomos.
37 Schulz-Nieswandt, Frank (2023): Onto-Poetik der responsiven Gabe. Eine Phänomenologie des Weges zum genossenschaftlichen Miteinander im Lichte der Dialektik von Identität und Alterität. Baden-Baden: Alber in Nomos.

I. Orientierende Vorbemerkungen

I.3 Dimensionaler Aspekt: Personalismus als konstitutiver Kern

Doch wenn es »den einen« zentralen Gedanken in der gesamten Entwicklung meines eigenen Werkes gibt, dann – schon seit den ersten Publikationen ab der zweiten Hälfte der 1980er Jahre[38] – die Figur der Person und ihre Personalität im Lichte der Philosophie des »Personalismus« in der Tradition der verschiedenen Strömungen des 20. Jahrhunderts. Dies prägt die personale Anthropologie als Grundlage meiner Sozialpolitiklehre, aber eben auch, und dies ist in der vorliegenden Abhandlung bedeutsam, die onto-anthropologisch fundierte, vor allem aus meiner Gabe-Forschung[39] erwachsenden Theorie der genossenschaftlichen Form.

I.4 Dimensionaler Aspekt: Wahrhaftigkeit und Integrität ohne linken Hypermoralismus

Es geht demnach und dergestalt um die Frage nach der Möglichkeit einer hinreichenden Begründbarkeit der Humangerechtigkeit der genossenschaftlichen Form im Kontext der *conditio humana*, die ein Potenzial von Limitationen (um die prometheische Hybris und damit den Fall des Ikarus zu vermeiden) einerseits wie auch ein Potenzial für das Denken einer modallogischen Geschichtsphilosophie und einer entsprechenden dynamischen Prozessontologie andererseits sein kann. Gerede erst diese »Einerseits – Andererseits«-Ambivalenz – und dieses Denken des Spannungsverhältnisses einer Polarität[40] als Grammatik des Daseins finden wir auch bei Paul Tillich[41] – begründet den verantwortungsethischen Humanismus, der eine reine Gesinnungsethik vermeidend, um nicht der Doxa eines linken Hypermoralismus zu verfallen will, dessen kritischer Ekel an der

---

38 Schulz-Nieswandt, Frank (1991): Person und Gemeinschaft als Kategorien einer anthropologischen Grundlegung der Sozialpolitiklehre des freiheitlichen Sozialismus. In: Sozialer Fortschritt 40 (4): S. 99-102.
39 Schulz-Nieswandt, Frank (2023): Die Gabe als Idealtypus und ihre Erwiderungen: Mehr als Reziprozität. In: Hutter, Michael/Priddat, Birger P. (Hrsg.): Geben, Nehmen, Teilen. Gabenwirtschaft im Horizont der Digitalisierung. Frankfurt am Main/New York: Campus: S. 169-186.
40 In vielerlei Hinsicht beeindruckend erörtert in Blendinger, Heinrich (1947): Polarität als Weltgesetz. Stuttgart-Tübingen. Rainer Wunderlich Verlag (Hermann Leins).
41 Instruktiv auch: Wörn, Katharina (2022): Ambiguität. Paul Tillichs Begriff der Zweideutigkeit im Kontext interdisziplinärer Debatten. Tübingen: Mohr Siebeck.

1. Orientierende Vorbemerkungen

Welt in eine Hasskultur[42] in strukturelle und letztendlich in blutige Gewalt umkippen kann. Denken wir die Idee des Übermenschen von Friedrich Nietzsche angesichts der Aufgabe der Überwindung der ontologischen Obdachlosigkeit, und dies wird uns nachfolgend mit Blick auf die Diagnose der Entfremdung und der therapeutischen Suche nach ihrer Überwindung in Richtung auf eine wahre Form (des Lebens, auch wenn das Glück auch in einer solchen Welt prekär bleiben würde[43]) des Menschen ja beschäftigen, in der Limitationalität der »analogia entis«-Theorems der Gottesebenbildlichkeit des Menschen[44], dies allerdings post-theistisch, wohl aber auch post-säkular[45], wie noch zu zeigen sein wird, so wird nie das Delta ($\Delta > 0$) zu vergessen sein, dass jene Demut generiert, die notwendig ist[46], nicht aus der Kränkung der Kastrationsangst aus der depressiven Grundgestimmtheit in den manischen Wahn des Hypermoralismus eines hyperbolischen Heroismus zu wechseln.

1.5 Dimensionaler Aspekt: Das Potenzial der conditio humana

In der vorliegenden Abhandlung wird sich für uns die Theologie der Kultur in der Religionsphilosophie und in der Systematischen Theologie von Paul Tillich als eine sprudelnde Quelle erweisen[47], um diese personalistische Idee der genossenschaftlichen Form (wie eine Säule) zu fundieren. Mit Blick auf die Idee der Gottesebenbildlichkeit führt mich meine Wissenschaftsauffassung jedoch dazu, auf Ludwig Feuerbach, den ich nochmals anführen werde, zurückzugreifen, um deutlich zu machen, dass in epistemologischer Hinsicht die Gottesebenbildlichkeit in umgekehrter Weise

---

42 Münch, Richard (2023): Polarisierte Gesellschaft. Die postmodernen Kämpfe um Identität und Teilhabe. Frankfurt am Main/New York: Campus.
43 Gordon, Peter E. (2023): Prekäres Glück. Adorno und die Quellen der Normativität. Frankfurter Adorno-Vorlesungen 2019. Berlin: Suhrkamp.
44 Kruhöffer, Gerald (1999): Der Mensch, das Bild Gottes. Göttingen: Vandenhoeck und Ruprecht.
45 Schulz-Nieswandt, Frank (2022): Der heilige Bund der Freiheit: Frankfurt – Athen – Jerusalem: eine Reise. Baden-Baden: Alber in Nomos auf der Grundlage von Schulz-Nieswandt, Frank (2017): Menschenwürde als heilige Ordnung. Eine dichte Re-Konstruktion der sozialen Exklusion im Lichte der Sakralität der personalen Würde. Bielefeld: transcript.
46 Kritisch dazu: Nelles, Malte (2023): Gottes Umzug ins Ich. Eine Tiefenpsychologie des modernen Menschen. München: Europa Verlage.
47 Pattison, George (2015): Paul Tillich's Philosophical Theology. A Fifty-Year Reappraisal. London: Palgrave Macmillan UK.

zu verstehen ist. Gott ist die idealtypische »als-ob«-Idee des von seiner *conditio humana* geprägten Menschen. Die Differenz ($\Delta > 0$) erweist sich demnach als Aufforderung des Menschen, den geschichtlichen Weg des Werdens in wachsenden Ringen einer Personalisierung als Dynamik der Selbsttranszendenz in Oikos, Polis und Kosmos

$$(\Delta > 0) \to min!$$

zu begehen, aber von einem transhumanen[48] Perfektionismus[49]

$$(\Delta \neq 0)$$

abzusehen.
Zurück in die Welt der Kölner Lehrgebäude.

1.6 Dimensionaler Aspekt: Grenzen der sozialen Marktwirtschaft sprengen

Die Gemeinwirtschaftslehre entwickelte sich auch in Richtung auf die neueren Formen des solidarischen Wirtschaftens. Die Metamorphose der „Zeitschrift für öffentliche und gemeinwirtschaftliche Unternehmen" zur „Zeitschrift für Gemeinwirtschaft und Gemeinwohl" trägt diese Signatur. Diese ganze dynamische Entwicklung zwischen Kontinuität und geradezu »metamorphotischen«, also auf die »Gestalt« abstellenden Wandel prägt auch die Vielfalt der Publikationen in den verschiedenen Schriftenreihen bei Nomos, bei Duncker & Humblot und im LIT-Verlag.

1.7 Dimensionaler Aspekt: Der heterodoxe, transformative, heterotope Weg der Abhandlung

Die engen Grenzen der herkömmlichen Lehre der sozialen Marktwirtschaft der Bundesrepublik Deutschland im Kontext des EU-Regimes[50] wurden

---

48 Spreen, Dierk u. a. (2018): Kritik des Transhumanismus. Über eine Ideologie der Optimierungsgesellschaft. Bielefeld: transcript; Puzio, Anna (2022): Über-Menschen. Philosophische Auseinandersetzung mit der Anthropologie des Transhumanismus. Bielefeld: transcript.
49 Heite, Catrin/Henning, Christoph/Magyar-Haas, Veronika (Hrsg.) (2023): Perfektionierung. Wiesbaden: Springer VS.
50 Schulz-Nieswandt, Frank (2023): Die Europäische Union und die Eule der Minerva. Berlin u. a.: LIT.

problematisiert und neue – heterodoxe[51] – Lehren heterotoper Entwicklungspfade transformativer Art wurden und werden thematisiert. Auch dann, wenn es nach wie vor richtig ist, dass nicht jede Genossenschaft auch gemeinwirtschaftlich codiert ist, so liegt mein Erkenntnisinteresse doch primär in der gemeinwirtschaftlichen Form der Genossenschaft. Dies schließt die Bedeutung des öffentlichen Wirtschaftens[52] nicht aus.[53] Und dies gilt analog auch für die Sozialwirtschaft in der freigemeinnützigen Form freier Träger.[54]

Die Anthropologie, Rechtsphilosophie und Ethik, auch eine kulturgrammatische Sozialontologie und Psychodynamik der Pfadabhängigkeiten und der modallogischen Transitionen wurden grundlagentheoretisch entwickelt und mit Blick auf die Sozialraumentwicklung in einem genossenschaftsartigen Sinne entfaltet.

Die vorliegende Abhandlung beschäftigt sich mit Bezug auf das Werk von Paul Tillich demnach auf eine – lebendige – Quelle einer genossenschaftlichen Vision der menschlichen Zukunft. Die Betrachtung schätzt die etablierte Wirklichkeit des Genossenschaftswesens, vertritt aber die Auffassung, dass die Zukunft in einer transformativen Perspektive zu suchen ist.[55]

Die vorliegende Abhandlung geht sogar den Weg, die angedeutete grundlagenwissenschaftliche Fundierung als Spurensuche zu einer Metaphysik der genossenschaftlichen Idee zu verstehen.

---

51 Schetsche, Michael/Schmied-Knittel, Ina (Hrsg.) (2018): Heterodoxie. Konzepte, Traditionen, Figuren der Abweichung. Köln: Herbert von Halem Verlag.
52 Mühlenkamp, Holger/Krajewski, Markus/Schulz-Nieswandt, Frank/Theuvsen, Ludwig (Hrsg.) (2019): Handbuch Öffentliche Wirtschaft. Baden-Baden: Nomos (2. Aufl. ist in Planung).
53 Vgl. u. a. auch Schulz-Nieswandt, Frank (2014): EU-Binnenmarkt ohne Unternehmenstypenvielfalt? Die Frage nach den Spielräumen (dem modalen WIE) kommunalen Wirtschaftens im EU-Binnenmarkt. Baden-Baden: Nomos.
54 Schulz-Nieswandt, Frank (2018): Märkte der Sozialwirtschaft. In: Grunwald, Klaus/Langer, Andeas (Hrsg.): Handbuch der Sozialwirtschaft. Nomos, Baden-Baden: S. 739-755 (2., überarb. Aufl. i. E.). Vgl. auch Schulz-Nieswandt, Frank (2020): Besprechung zu: Grunwald K & Langer A (Hrsg) (2018) Sozialwirtschaft. Handbuch für Wissenschaft und Praxis. Nomos, Baden-Baden In: Zeitschrift für öffentliche und gemeinwirtschaftliche Unternehmen 43 (1+2): S. 263-265.
55 Schulz-Nieswandt, Frank (2023/2024): Genossenschaften: Ausblick auf die Zukunft. In: Blome-Drees, Johannes/Göler von Ravensburg, Nicole/Jungmeister, Alexander/Schmale, Ingrid/Schulz-Nieswandt, Frank (Hrsg.): Handbuch Genossenschaftswesen. Wiesbaden: Springer VS.

1.8 Dimensionaler Aspekt: Religiöser Sozialismus

Der hinreichende Grund für dieses Tun findet sich nochmals auf einer grundlegenden Ebene. Da der Bezug zum religiösen Sozialismus[56] – vor allem in der Figur von Siegfried Katterle[57] – schon früh zu meiner akademischen Sozialisation im Kontext des »Kritizismus«[58] der Kölner Gerhard Weisser-Schule zählte, bin ich immer wieder auf das Werk von Paul Tillich zurückgekommen. Daher nutze ich nun diese Chance, aus einer kleinen Buchbesprechung, die ich allerdings aus einer längeren Fassung heraus nochmals für die Publikation kürzen musste, nun meine Gedanken – mit Blick auf die Entwicklungsgeschichte meines eigenen Werkes – nochmals in kompakter Dichte, aber umfänglicher auszuformulieren.

1.9 Dimensionaler Aspekt: Literaturapparat als Ausdruck der komplexen Interdisziplinarität

Diese Bezüge finden ihre Signatur in meinen Literaturverweisen, wobei die umfangreiche Praktik der Hinweise auf eigene Publikationen weniger als Ausdruck einer narzisstischer Charakterneurose hermeneutisch auszulegen sein sollte, sondern vielmehr als Dokumentation meiner spezifischen Rezeptionsweise eines theologischen Werkes, das sich dahingehend entwickelt hat, ein kompliziertes Mischgebilde aus interdisziplinärer Sozialwissenschaft und Metaphysik, aus Kritischer Theorie (inklusive Psychoanalyse) und onto-anthropologisch fundierter Rechtsphilosophie und Ethik zu sein.

1.10 Dimensionaler Aspekt: Von der Buchbesprechung zum Essay

Nun noch ein – abschließend – ergänzende Aspekt, der in einem Vorwort gut platziert ist. Die mitunter essayistische Abhandlung ist erwachsen

---

56 Marsden, John (2009): Paul Tillich and The Theology of german religious socialism. In: Political Theology 10 (1): S. 31-48.
57 Dazu vor allem auch Schulz-Nieswandt, Frank (2020): Siegfried Katterle (1933-2019). Sein Werk im Lichte der politischen Theologie von Paul Tillich. Berlin: Duncker & Humblot.
58 Petrak, Peter (1999): Ethik und Sozialwissenschaft. Regensburg: Transfer Verlag.

1. Orientierende Vorbemerkungen

aus einer Buchbesprechung.[59] Diese Methode der Ausdehnung von Besprechungen oder Besprechungsessays habe ich schon mehrfach durchgeführt. Dies resultiert meist aus dem Gefühl, Texte zu oberflächlich diskutiert zu haben. Zu viele Verästelungen können nicht verfolgt werden, die Tiefe leidet, vieles bleibt als Andeutungen nur zwischen den Zeilen zu lesen.

---

59 Schulz-Nieswandt (2023): Besprechung zu: Suh, Jin-Ho: Der Verlust der religiösen Substanz. Paul Tillichs Begriff des Profanen. Leipzig: Evangelische Verlagsanstalt 2023. In: Theologische Literaturzeitschrift.

2. Zwischen Wahrheit und Geschichte: Einleitung

Das Thema der vorliegenden kleinen Abhandlung ist die Idee der personalen Selbsttranszendenz als ein Wahr-Werden in wachsenden Ringen. Die Selbsttranszendenz des Subjekts ist aber kein »neuer Idealismus«[60], sofern man einen post-individualistischen Idealismus meint, der das Subjekt vom Objekt[61] her denkt. Einige Bausteine und deren grammatisches Zusammenspiel zur Generierung einer Analyselandschaft (als performatives Ergebnis) sollen einleitend angesprochen werden.

Die Spur einer Emergenz einer Idee ist in der Entwicklung dieser breiten und in die Tiefe der *conditio humana* hineinreichenden Analyselandschaft angelegt und nimmt – werdend und wachsend – im Verlauf der Abhandlung langsam zu: die Idee der genossenschaftlichen Form als die humangerechte Art und Weise der Daseinsführung des personalen Menschen. Da ich – im etablierten Sinne der fachwissenschaftlichen Disziplinen der Universitätswelt – kein Theologe, kein Religionswissenschaftler, aber auch kein Philosoph bin, sondern ein (allerdings sehr interdisziplinärer) Sozialwissenschaftler, beanspruche ich hier keine Aufmerksamkeit für eine neue Paul Tillich-Exegese oder für eine systematische Philosophie der Ontodramatik des Menschen. Damit wird deutlich, dass ich hier nicht nahe an den Texten von Paul Tillich[62] erörtere, was mir bedeutsam ist.

Das Werk von Paul Tillich ist mir eine Quelle die Entfaltung meiner Gedanken eines freiheitlichen ethischen Sozialismus, dessen frühe neu-kantianisch-kritizistischen Ursprünge aufgehoben werden in einer gerade nicht post-metaphysischen Kritische Theorie. Es kristallisiert sich der Gedanke[63],

---

60 Breuninger, Renate/Oesterreich, Peter L. (Hrsg.) (2002): Subjektivität und Selbsttranszendenz. Unterwegs zu einem Neuen Idealismus. Würzburg: Königshausen & Neumann.
61 Berger, Maxi/Hogh, Philip (Hrsg.) (2023): Der Vorrang des Objekts. Negative Dialektik heute. Berlin: Metzler in Springer.
62 Vgl. z. B. Draghici-Vasilescu, Elena Ene (2023): Paul Tillich on History and Socialism. European Journal of Theology and Philosophy 3 (2): S. 1-8. DOI:10.24018/ejtheology.2023.3.2.98.
63 Dazu auch schon in Schulz-Nieswandt, Frank (2018): Caring Communities in alternden Gesellschaften. Eine genossenschaftswissenschaftlich inspirierte dichte, aber auch auf Lichtung abstellende Darlegung als Metaphysik des Sozialen. In: Zeitschrift für öffentliche und gemeinwirtschaftliche Unternehmen 41 (3): S. 227-240.

2. Zwischen Wahrheit und Geschichte: Einleitung

eine Metaphysik der genossenschaftlichen Form zu erarbeiten, die sich als Ästhetische Theorie – nicht der Kunst, sondern – der Humangerechtigkeit der genossenschaftlichen Form des gelingenden Miteinanders des personalen Selbst-Seins im Modus des sozialen Mit-Seins erweist. Das Werk von Paul Tillich ist hierbei eine übersprudelnde Quelle, weil es um die Frage nach dem pneumatischen Geist geht, der diese humangerechte Kultur beseelen soll.

Es geht also – damit erläuternd auf den Titel der vorliegenden Abhandlung, die mitunter essayistischen und auch politischen Charakter annimmt, eingehend – um das Schicksal der Freiheit des Menschen zwischen Entfremdung einerseits und der Genese (als Entelechie einer Ausdrucksgestaltwahrheit) seiner wahren Form als Überwindung der Entfremdung andererseits.

Die nachfolgenden, einleitend aufgegriffenen Bausteine der Abhandlung (die selbst noch komplexer ist als es in der Einleitung deutlich werden kann) machen deutlich, dass die Metaphysik der Genossenschaft hier eine sich herauskristallisierende, aber nicht vollumfänglich entfaltete Spur ist. Dazu sind weitere Studien von mir im Erscheinen oder in Vorbereitung. Hier nun geht es um meine innere Hinwendung zu dieser besagten – für mich: übersprudelnden – Quelle des Werkes von Paul Tillich, dieses Werk jedoch immer in einem spezifischen rezeptiven Kontext eingestellt.

2.1 Baustein: De-Zentrierung des Subjekts als Modus der Responsität

Die Position, die hier erarbeitet und sodann eingenommen wird, ist eine solche, die die post-strukturalistische Methodologie der De-Zentrierung des Subjekts im Rahmen einer existenzphilosophischen Ontologie tiefer lagert, nämlich als Theorem des »Immer-schon-in-der-Welt-seienden« Subjekts der schöpferischen Responsität, also in der Figur der aktiven Passivität[64].

Responsität ist ein kreativer Akt des Eros des Menschen, der in asymmetrischer Reziprozität zur Vorgängigkeit des Daseins in seiner Gegebenheit als Wirklichkeit des Lebens als eine geschichtliche Kultur steht, also einge-

---

64 Seel, Martin (2014): Aktive Passivität. Über den Spielraum des Denkens, Handelns und anderer Künste. Frankfurt am Main: S. Fischer. Ferner auch Hutflötz, Karin (2023): Die Spielstruktur des Seins. Zu einer relationalen Ontologie im Ausgang von Heidegger. Baden-Baden: Alber in Nomos.

fügt bzw. eingestellt oder eingebettet ist, wobei diese Kultur »Geist-erfüllt« ist.

2.2 Baustein: Animismus der Dinge und ephanisches Erlebnis

In der Kulturwissenschaft[65] sind neuere Beiträge zum Animismus der Dingwelt zu registrieren, die bereits in der Dingphilosophie[66] der Lyrik bei Rainer Maria Rilke[67] ihre moderne Grundlegung finden. Es geht also um epiphanische[68] Erlebnisse, die als Ereignisse erfahren und mit Blick auf das weitere Werden als Wachsen des responsiven Subjekts vom Subjekt kreativ verarbeitet werden. Wenn Friedrich Hölderlin[69] wandert[70], dann wandert er mit der Seele, aber es ist die Aktualgenese, die von der dabei erlebten Landschaft als Aura ausgeht, die das Subjekt zur Wandlung aktiviert. Das können auch Töne[71] sein, die man in der Musik[72] der Stille mit den Augen hören kann. Natürlich erlebt es immer der Mensch in seiner »Jemeinigkeit«, als Subjekt in der Mich-Erfahrung, die das Ich-Selbstbewußtsein k0nstituiert. Das ist ja die Paradoxie, dass der Mensch im kopernikanischen Zeitalter dennoch in seiner Leiblichkeit ptolemäisch denkt, weil er die Mitte ist, in der er die Erfahrung der Erlebnisse aufsaugt. Die Mitte ist aber nicht der apriorische Ausgangspunkt. Das transzendentale Subjekt kann nur geschichtlich gedacht werden, nämlich als der konkrete Mensch in sei-

---

65 Balke, Friedrich/Muhle, Maria/Schöning, Antonio von (Hrsg.) (2012): Die Wiederkehr der Dinge. Berlin: Kulturverlag Kadmos sowie Dörrenbächer, Judith/Plüm, Kerstin (Hrsg.) (2016): Beseelte Dinge. Design aus Perspektive des Animismus. Bielefeld: transcript.
66 Marx, Berhard (2015): „Meine Welt beginnt bei den Dingen". Rainer Maria Rilke und die Erfahrung der Dinge. Würzburg: Königshausen & Neumann.
67 Guardini, Romano (1941): Zu Rainer Maria Rilkes Deutung des Daseins. Eine Interpretation der zweiten, achten und neunten Duineser Elegie. Berlin: Küpper.
68 Bolterauer, Alice (2015): Zu den Dingen. Das epiphanische Ding-Erlebnis bei Musil, Rilke und Hofmannsthal. Wien: Praesens Verlag.
69 Guardini, Romano (1939): Hölderlin. Weltbild und Frömmigkeit. Leipzig: Hegner.
70 Guardini, Romano (1946): Form und Sinn der Landschaft in den Dichtungen Hölderlins. Tübingen-Stuttgart: Rainer Wunderlich Verlag Hermann Leins.
71 Henke, Matthias/Vidal, Francesca (Hrsg.) (2016): Tonspurensuche. Ernst Bloch und die Musik. Siegen: universi - Universitätsverlag Siegen.
72 Schwinning, Reinke (2019): Philosophie der Musik in Ernst Blochs frühem Hauptwerk "Geist der Utopie". Kommentar zu ausgesuchten Stellen des Kapitels "Zur Theorie der Musik" in der zweiten Ausgabe von 1923. Siegen: universi - Universitätsverlag Siegen.

ner Welt, in der er responsiv eingestellt ist. Er hat den Sternenhimmel nicht geschaffen, aber er rekonstruiert ihn, etwa im Modus der Sternenbilder, wodurch er den Kosmos mythisierend verarbeitet. Dichtend wohnt sich der Mensch im Dasein ein[73]:

„Voll Verdienst, doch dichterisch wohnt / Der Mensch auf dieser Erde".[74]

Ist das Bild[75] ein vom Subjekt erzähltes Bild oder ist das Bild ein erzählendes Bild? Kann man das Bild suchen oder findet man das Bild, weil es, mich ansprechend, mir begegnet? Und die Erzählung – da es um die Erfahrung des Heiligen geht – wird zum Gesang[76], weil die Musik des Heiligen die Hymne ist: der hymnische Stil in den Elegien. Hier arbeitet Hölderlin an der Überwindung der Entfremdung zwischen Subjekt und Objekt.[77] Hierbei eine „Übermacht des Seins"[78] zu erkennen[79], bedarf der genauen atmosphärischen Interpretation, denn das Objekt übt keine Gewalt über das Subjekt aus: Durch das Schöne[80] – und ihrer Magie, die den Sinn in das Sein einbringt – wird das Sein des Menschen als Dasein geheilt und gerettet.[81] Ist das Schöne aber nur eine Empfindung des Subjekts, oder ist das Schöne als ein Erleben eine Erfahrung, die aus der Substanz der Dinge resultiert?

Cartesianismus oder Post-Cartesianismus: Das ist hier die Frage. Um die Kritik der Machtordnungen des Post-Strukturalismus gegen den Histo-

---

73 Heidegger, Martin (2009): „.... dichterisch wohnt der Mensch ..." In: Vorträge und Aufsätze. 9. Aufl. Stuttgart: Klett-Cotta: S. 181–198.
74 Hölderlin, Friedrich in „In lieblicher Bläue" (wohl aus dem Jahre 1807). Hier erkennt man die Phänomenologie des Heiligen bei Hölderlin.
75 Die bildwissenschaftlichen Diskurse können wir hier aber nicht aufgreifen. Sie werfen die Grundfragen der Wahrnehmungstheorie und der Wahrheitsproblematik in vielerlei Hinsicht auf.
76 Friedrich, Jürg (2007): Dichtung als "Gesang". Hölderlins "Wie wenn am Feiertage..." im Kontext der Schriften zur Philosophie und Poetik 1795-1802. München: Fink.
77 Gerlach, Ingeborg (2016): „Versöhnung ist mitten im Streit". Hölderlins Konzeption von Dichter und Dichtung. Würzburg: Königshausen & Neumann.
78 Bohlen, Stephanie (1993): Die Übermacht des Seins. Heideggers Auslegung des Bezuges von Mensch und Natur und Hölderlins Dichtung des Heiligen. Berlin. Duncker & Humblot.
79 Vgl. auch Iorio, Alessandro (2017): Das Sein erzählt. Heideggers narratives Denken. Frankfurt am Main: Klostermann.
80 Poltrum, Martin (2005): Schönheit und Sein bei Heidegger. Wien: Passagen.
81 Es bleibt dabei die Frage, ob der Antisemitismus den Kern der Schriften von Heidegger trifft, womit jegliche Auslegung mit Blick auf eine humanistische Befreiung belastet und fraglich wird: Werner, Judith (2018): Poesie der Vernichtung. Literatur und Dichtung in Martin Heideggers Schwarzen Heften. Wiesbaden: Springer VS.

rismus des Post-Strukturalismus durch ein ontologisches Denken selbst zu wenden[82]: Wie kann die ikarische Hybris[83] des prometheischen Wahns durch die Demut als habituelles Dispositv gouvernemental reguliert werden? Begeistert sich das Subjekt oder ist es zu denken, dass sich die Materie selbst[84] in ihrem Spiel begeistert?

Bei Egon Vietta können mir lesen: „Das Erlebnis der Epiphanie beruht auf einer echten Erfahrung. Wer die Epiphanie leugnet, leugnet Gott und Göttliches. Das entspricht dem Seelenzustand des Materialismus."[85] „Das, was den Erfahrungskern der Epiphanie ausmacht, ist dasselbe, was in der inspirierten Dichtung aufblitzt: das Ewige, Göttliche oder welches Wort wir auch immer dafür wählen wollen."[86] Vietta geht es nun um die „Rückkehr der Götter", die die „Freude am Dasein" ermöglichen. Der Mensch beginnt wieder zu tanzen. Dies erinnert an Hugo Rahners[87] Studie zum spielenden Menschen.[88] „Die Wiederkehr des Bios ist die Epiphanie des alles durchdringenden, durchsäftigenden und jauchszenden Lebens. Es ist ein unendlicher Gesang, der von Mensch zu Mensch weiterströmt und die Erde wieder verklärt: die tröstliche, friedvolle Erde, unserer aller leibliche Mutter."[89]

2.3 Baustein: Wahrheit der Form in der Geschichte

Alles dreht sich demnach um den Geist – als die Substanz – dieser aktualgenetischen Dynamisierung der Selbst-Werdung des Subjekts. Doch welcher

---

82 Schulz-Nieswandt Frank (2024): Die epistemische Differenz. Quo vadis: Eule der Minerva? Baden-Baden: Nomos (i. V.).
83 Rohmann, Dirk (2023): Psychologie in der hellenistischen Geschichtsschreibung. Stuttgart: Franz Steiner Verlag.
84 Schulz-Nieswandt, Frank (2024): „Begeisterung der Materie". Eine exemplarische Texthermeneutik im Geiste einer responsiven Phänomenologie. Baden-Baden: Nomos (i. V.).
85 Vietta, Egon (1948): Briefe über den Tanz. Bielefeld: Dr. Ernst Hauswedell & Co: S. 41.
86 Vietta, Egon (1948): Briefe über den Tanz. Bielefeld: Dr. Ernst Hauswedell & Co: S. 42.
87 Rahner, Hugo (2008): Der spielende Mensch. 11. Aufl. Freiburg i. Br.: Johannes Verlag Einsiedeln.
88 Dazu auch in Schulz-Nieswandt, Frank (2023): Aura des Augenblicks. Epiphanisches Erleben in Dorothy L. Sayers (1893-1957) Roman ‚Aufruhr in Oxford'. Würzburg: Königshausen & Neumann.
89 Vietta, Egon (1948): Briefe über den Tanz. Bielefeld: Dr. Ernst Hauswedell: S. 43.

2. Zwischen Wahrheit und Geschichte: Einleitung

Geist beherrscht die gouvernmentale Praxis der geschichtlichen Dispositivordnung der Epoche?

Eine Epoche ist nie Geist-los. Aber es gibt eben die helle und die dunkle Seite der Macht[90], die in einem archimedischen Punkt verankert ist. Die archimedische Funktion des Geistes – die den Menschen in der Geschichtlichkeit seiner Kultur der Form der Daseinsführung einbettet – soll uns hier als Idee eines objektiven Geistes interessieren, der nun aber nicht auf der dunklen Seite der Macht[91] angesiedelt sein soll, sondern – wie im vorchristlichem homerischen Weltbild – von einem guten *Daimon* getrieben sein soll.

Es gibt Menschen, die diesen Ermöglichungsgeist als Gott bezeichnen und mitunter in anthropomorpher[92] Weise imaginieren.[93] Mir – Paul Tillichs Denken[94] in der relationalen Gewebestruktur der Kategorien von Sinn, Geist und Symbol interpretativ (also rezeptionsästhetisch[95]) aufgreifend – reicht es hin, den Geist, der sich in mir als ein Ich der Mich-Erfahrung[96] des vorgängigen Du (auch als das gesellschaftliche Ich-Ideal) einschreibt und mich dergestalt treibt, für mich und für uns – denn ich bin, muss aber erst noch werden, was wir sein können (um in der Sprache der Spurensuche von Ernst Bloch[97] einzutauchen) – als Verschachtelung der Idee des gelingenden Miteinanders als ein uns heiliger Bund in gemeinsamer Verantwortung als Eidgenossenschaft als eine heilige Idee der sozia-

---

90 Guardini, Romano (2022): Das Ende der Neuzeit/Die Macht. Mainz: Matthias-Grünewald.
91 Atchadé, Boni Eriola Richard (2020): Philosophie der Macht. Paul Tillichs Verständnis der Macht im Kontext philosophischer Machttheorien im 20. Jahrhundert. Berlin: De Gruyter.
92 Becker, Ralf (2011): Der menschliche Standpunkt. Perspektiven und Formationen des Anthropomorphismus. Frankfurt am Main: Klostermann.
93 Dazu auch Stavrakopoulou, Francesca (2022): Gott - Eine Anatomie. Der göttliche Körper im Wandel der Zeit. München: Piper; David, Philipp u. a. (2021): Neues von Gott? Versuche gegenwärtiger Gottesrede. Darmstadt: wbg Academic in Wissenschaftliche Buchgesellschaft (wbg).
94 Heinemann, Lars Christian (2017): Sinn – Geist – Symbol. Eine systematisch-genetische Rekonstruktion der frühen Symboltheorie Paul Tillichs. Berlin: De Gruyter.
95 Jauß, Hans Robert (1991): Ästhetische Erfahrung und literarische Hermeneutik. 4. Aufl. Frankfurt am Main: Suhrkamp.
96 Bedeutsam dazu ist das Werk von Merekau-Ponty: Bermes, Christian (2020): Maurice Merleau-Ponty zur Einführung. 4. Aufl. Hamburg: Junius Verlag.
97 Bloch, Ernst (2016): Spuren. Berlin: Suhrkamp. Vgl. auch Bloch, Ernst (1985): Tübinger Einleitung in die Philosophie. 2. Aufl. Frankfurt am Main: Suhrkamp.

len Freiheit des personalen Menschen vorzustellen. Die Geschichte ist der Raum, in dem sich die Wahrheit der großen Erzählung entfalten kann.

Diese Idee einer wahren Form der Gestalt des Menschen in der Geschichte tritt aber dennoch im Kraftfeld einer Unbedingtheit auf, weil sie in einer Ankerfunktion den Grund für ein humangerechtes Leben abgibt. Die Wahrheit des Daseins meint, das der Mensch in Überwindung seiner Entfremdung eine Lebensform gefunden haben mag, in der im Sinne einer Ästhetik der wahren Form[98] die Schönheit des guten Lebens in der (genossenschaftsartigen) Polis im[99] Allzusammenhang der Natur möglich wird.[100]

2.4 Baustein: Entfremdung, Geist-Kultur und religiöser Sozialismus

Dabei fokussiere ich auf die zu explizierende Bedeutung der transzendentalen Ontologie der »Theologie der Kultur« von Paul Tillich für die Überwindung der Entfremdung als Metamorphosen[101] in einer post-säkularen[102] Gesellschaft der Moderne[103]. Im Werk von Paul Tillich werden aber die Metamorphosen durch die teleologische Idee[104] einer Entelechie zusammengehalten, ohne anzunehmen, dieses Projekt könnte nicht auch scheitern.

---

98 Schulz-Nieswandt, Frank (2024): [Geplanter Titel]: Kritische Theorie der Entelechie der Person als Ästhetik der Form. Über die Wahrheit der Person, das Gute der Sozialpolitik und die Schönheit der Genossenschaft. Eine Trinitätslehre der humangerechten Kultur. Würzburg: Königshausen & Neumann (i. V.). Zuvor auch Schulz-Nieswandt, Frank (2017): Personalität, Wahrheit, Daseinsvorsorge. Spuren eigentlicher Wirklichkeit des Seins. Würzburg: Königshausen & Neumann.

99 Linck, Gudula (2022): Inmitten von Qi. Phänomenologie des Naturerlebens. Baden-Baden: Nomos.

100 Dazu auch Krüger, Oliver (2019): Das Gute im Sozialen. Eine perfektionistische Grundlegung des Sozialstaats. Frankfurt am Main/New York: Campus.

101 Coccia, Emanuele (2021): Metamorphosen. Das Leben hat viele Formen. Eine Philosophie der Verwandlung. München: Hanser.

102 Zur Diskussion der konzeptionellen Begrifflichkeit: Höhn, Hans-Joachim (2007): Postsäkular. Gesellschaft im Umbruch - Religion im Wandel. Paderborn: Schöningh; Höhn, Hans-Joachim (2012): Zeit und Sinn. Religionsphilosophie postsäkular. Paderborn: Schöningh; ferner: Lutz-Bachmann, Matthias (Hrsg.) (2015): Postsäkularismus. Zur Diskussion eines umstrittenen Begriffs. Frankfurt am Main/New York: Campus.

103 Fischer, Hermann (Hrsg.) (1989): Paul Tillich. Studien zu einer Theologie der Moderne. Frankfurt am Main: Athenäum.

104 Deuser, Hermann (2011): Was ist Wahrheit anderes als ein Leben für eine Idee? Kierkegaards Existenzdenken und die Inspiration des Pragmatismus. Gesammelte Aufsätze zur Theologie und Religionsphilosophie. Für Hermann Deuser zum 65. Geburtstag. Berlin: De Gruyter.

2. Zwischen Wahrheit und Geschichte: Einleitung

Scheitern ist und bleibt eine Kategorie der *conditio humana*. Die Entelechie ist eine hylemorphe – auf die Ontodramatik von Akt und Potenz, Energie, Möglichkeit und Ziel, von Form und Substanz abstellende – Dynamik, die aber in ihrem Programmcode nicht als Automatismus determiniert ist. Die *conditio humana* ist als der Gegenstand einer Onto-Anthropologie eine Daseinslehre der Möglichkeiten, also ein Reflexionsraum des Konjunktivs. Daher kann es auch zur Daseinsverfehlung kommen.

Das Telos – im Sinne eines Sinns der Geschichte[105] – lautet: Es besteht Hoffnung[106] auf die Personalisierung des Menschen in der Geschichte. Der Sinn der Geschichte – als Entelechie – ist also demnach die Idee, dass der Mensch das Potenzial seiner humangerechten Entfaltung ausschöpft. Gemeint ist, dass der Mensch als Konjunktiv es kollektiv lernt, diese humangerechte Potenzial zu entfalten.[107]

Denn wenn wir das Δ als unüberbrückbarer Abstand in der Differenz des Bedingten und des Unbedingten – wobei beide Prädikate als ontologische Kategorien aber immer korreliert sind[108] – im Lichte des »analogia entis«-Theologems später in der vorliegenden Abhandlung aufgreifen werden, so ist hier nun zu betonen, dass es noch ein zweites Δ^* gibt, das sich auf die soeben benannte Ausschöpfung des menschlichen Potenzials bezieht. Also geht es um eine doppelte Differenz, um die Differenz zwischen dem bedingten Menschen und dem Unbedingten und um die Differenz intra-individueller Art, die sich auf die Entwicklungspotenzial-Ausschöpfung des konkreten Menschen in der Geschichte bezieht:

$$([\Delta \neq O] + [\Delta^* \to min!] \to min!).$$

Auf die ($\Delta^* \to min!$)-Aufgabe bezieht sich die Charakter-bildende *Paideia*. Dazu muss der Mensch vom humangerechten Geist erfüllt sein. Statt Friedrich Nietzsche zum bahnenden Weichensteller des Nationalsozialismus zu

---

105 Baberowski, Jörg (2014): Der Sinn der Geschichte. Geschichtstheorien von Hegel bis Foucault. 3. Aufl. München: Beck.
106 Fahrenbach, Helmut (2020): Wesen und Sinn der Hoffnung. Mössingen-Talheim: Talheimer.
107 Dazu auch Rhonheimer, Martin (2016): Homo sapiens: die Krone der Schöpfung. Herausforderungen der Evolutionstheorie und die Antwort der Philosophie. Wiesbaden: Springer VS.
108 Osborne, Kenan B. (2014): New Being. A Study on the Relationship between Conditioned and Unconditioned being According to Paul Tillich. (Reprint von 1969): Berlin u. a.: Springer Netherland.

deuten, sollte man seine Idee des Übermenschen[109] angesichts des Todes Gottes eher in seinem verborgenen Humanismus verstehen lernen: Er macht die Minimierung von Δ von der Minimierung von Δ* abhängig. Es geht also um die Individualseele und um die Kollektivseele einer Epoche.

Es ist dies eine Sicht, die auf die kulturkritische Diagnostik in der Figur der ontologischen (bzw. transzendentalen) Obdachlosigkeit als eine Leere verweist, auf eine Leere, die gefüllt werden muss, weil sie das pathosophische Dasein des Menschen – das zugleich eine Offenheit (auch für den Wahn) darstellt[110] – über das geschichtlich unvermeidliche Maß, das aus Δ resultiert, hinaus belastet. Das Subjekt, das Theodor W. Adorno untersucht, ist nicht primär das der cartesianischen Göttlichkeit der cartesianischen Intentionalität der phänomenologischen Weltkonstitution, sondern das des Leidens an den blinden gesellschaftlichen Mechanismen, denen es unterworfen ist.[111] Wenn es eine transzendentale Obdachlosigkeit ist, die dem Individuum den ontologisch fassbaren Grund der gelingenden Daseinsführung entzieht, dann muss es – umgekehrt – eben auch eine transzendentale, aber nicht mehr zwingend wiederum theistische Ontologie geben, die genau diese Grundierung des Menschen als Subjekt seiner Existenzgestaltung bietet, also ermöglicht. Die negative Dialektik der Kritischen Theorie (bei Theodor W. Adorno[112]) war in diesem Sinne immer auch eine modallogische Philosophie der Geschichte, die eine dynamische Prozessontologie (bei Ernst Bloch[113]) verkoppelt mit einer Ästhetik der wahren Form des Lebens als Gelingen der Daseinsgestaltung[114] – quasi als „Sozialismus aus dem Glauben" heraus – des Menschen. Die Frage lautet daher: Was ermöglicht – im transzendentalen Sinne – eine ontologisch fassbare Einbettung, Geborgenheit oder, um mit Ernst Bloch zu sprechen, »Heimat« für den Menschen, der somit und dergestalt seine Entfremdung überwinden würde.

---

109 Kiowsky, Hellmuth (2012): Anthropofugales Denken im Kontrast mit der Hybris Übermensch. Centaurus, jetzt in Wiesbaden: Springer.
110 Thoma, Samuel (2022): Im Offenen. Henri Maldineys Philosophie der Psychosen. Wien: Verlag Turia + Kant.
111 Weyand, Jan (2022): Adornos Kritische Theorie des Subjekts. Springe: zu Klampen Verlag.
112 Adorno, Theodor W. (1966): Negative Dialektik. Frankfurt am Main: Suhrkamp.
113 Fahrenbach, Helmut (2017): Ernst Blochs Philosophie der Hoffnung und Utopie – im Kontext und Diskurs. Mössingen-Talheim: Talheimer
114 Tillich, Paul (1975): Christentum und soziale Gestaltung. Frühe Schriften zum Religiösen Sozialismus. Stuttgart: Evangelisches Verlagswerk.

2. Zwischen Wahrheit und Geschichte: Einleitung

Es sind – das zeigt die Sozialpsychologie der Lebensqualität[115], des Wohlbefindens etc. – die sozialen Beziehungen des Sozialraums[116], die diese Wirkung haben. Das Wohnen[117] und das Haus[118] werden zu Metaphern dieses bauenden Einwohnen in eine Welt hinein, die erst dergestalt in der Folge den Charakter des von Hans Blumenberg in seiner (u. a. stark an Arnold Gehlen[119] erinnernden) Anthropologie[120] so thematisierten »Absolutismus« (als „Übermacht der Realität")[121] im Viereck von Angst, Unsicherheit, Kontingenz und Resilienz zwar nicht verliert (weil der Mensch seine *conditio humana* nicht verlieren kann), aber wodurch das Verhältnis von Freiheitsgrad[122] und Schicksalszusammenhang des Menschen dergestalt reguliert wird, dass sich der Mensch humangerecht einrichten kann in Oikos, Polis und Kosmos.

2.5 Baustein: Spuren zum genossenschaftlichen Miteinander

Aber dieser Zusammenhang von sozialen Relationen und Lebensqualität in der Daseinsführung gilt nur dann und insoweit, wenn und als die sozialen Beziehungen bestimmter Art und Weise (Qualität) sind: Sie müssen Formen eines gelingenden Miteinanders sein. Dies hängt dann von dem

---

115 Staats, Martin (Hrsg.) (2021): Lebensqualität. Ein Metathema. Weinheim: Juventa in Beltz.
116 Vgl. u. a. Schulz-Nieswandt, Frank (2020): Sozialrechtliche Möglichkeiten der Sozialraumorientierung. In: Lämmlin, Gerd/Wegner, Gerhard (Hrsg.): Kirche im Quartier: die Praxis. Leipzig: Evangelische Verlagsanstalt, S. 273-282 sowie Schulz-Nieswandt, Frank (2023): »Alltagsbegleitung, Betreuung und haushaltshilfliche Dienstleistungen im Alter« der BürgerSozialGenossenschaft Biberach eG. Forschungsbericht zur Begleitung des Projekts „In Würde zu Hause alt werden" im Modus narrativer Ethnographie. Baden-Baden: Nomos.
117 Funke, Dieter (2006): Die dritte Haut. Psychoanalyse des Wohnens. Gießen: Psychosozial-Verlag.
118 Hirsch, Mathias (2006): Das Haus. Symbol für Leben und Tod, Freiheit und Abhängigkeit. Gießen: Psychosozial-Verlag.
119 Wöhrle, Patrick (2010): Metamorphosen des Mängelwesens. Zu Werk und Wirkung Arnold Gehlens. Frankfurt am Main/New York: Campus.
120 Blumenberg, Hans (2014): Beschreibung des Menschen. 2. Aufl. Frankfurt am Main: Suhrkamp.
121 Klein, Andreas (2017): Zwischen Grenzbegriff und absoluter Metapher. Hans Blumenbergs Absolutismus der Wirklichkeit. Berlin: Ergon.
122 Hofer, Peter (2017): Krisenbewältigung und Ressourcenentwicklung. Kritische Lebenserfahrungen und ihr Beitrag zur Entwicklung von Persönlichkeit. 2. Aufl. Wiesbaden: Springer VS.

Geist (auch als »Geist der Gesetze« in der Kultur, von der die Theologie der Kultur von Paul Tillich handelt) ab, der den Beziehungen innewohnt.

> Polarität der Konjunktiv-Menschen in der *conditio humana*:
> Gelingen ↔ Scheitern
> =
> *Daseinswahrheit* ↔ *Daseinsverfehlung*
> ↑
> *Idee der Personalität in einer genossenschaftlichen Form*
> ↓
> *positive Individualität* ← *Personalisierung* → *negative Individualität*
> ↕
> *Hyperbolische Individualisierung*

Die sozialen Beziehungen sind nun performative Interaktionsordnungen, die Ausdrucksgestalt der psychodynamischen Verfassung der Menschen als Subjekte sind. Die existenzial entscheidende Frage lautete: Welcher Geist beherrscht die innere Grammatik[123] des tiefen Innenraums des Menschen in Bezug auf die Grammatik der Form seiner sozialen Relationen, vor allem mit Blick auf die Überwindungen[124] von Pfadabhängigkeiten?[125]

Doch geht es dabei nicht um eine individualisierte Form der Füllung der Leer-Stelle[126], sondern um ein Gelingen des Miteinanders. Paul Tillichs Theologie der Kultur ist nicht zu trennen von der Rechtsphilosophie (der

---

123 Vgl. u. a.: Schulz-Nieswandt, Frank (2013): Der inklusive Sozialraum. Psychodynamik und kulturelle Grammatik eines sozialen Lernprozesses. Baden-Baden: Nomos sowie Schulz-Nieswandt Frank (2015): „Sozialpolitik geht über den Fluss". Zur verborgenen Psychodynamik in der Wissenschaft von der Sozialpolitik. Baden-Baden: Nomos.

124 Schulz-Nieswandt, Frank (2017): Heterotope Überstiege in der Sozialpolitik im Namen des *homo patiens*. Überlegungen zu einer onto-theologischen Rechtfertigung des Menschen in der Rolle des Mitmenschen. In: Jähnichen, Traugott u. a. (Hrsg.): Rechtfertigung – folgenlos? Jahrbuch Sozialer Protestantismus Bd. 10 (2017). Leipzig: EVA: S. 187-208.

125 Dazu auch grundlegend: Weintrobe, Sally (2023): Psychische Ursachen der Klimakrise. Neoliberaler Exzeptionalismus und die Kultur der Achtlosigkeit. Gießen: Psychosozial-Verlag.

126 Seidel, Stefan (2020): Nach der Leere. Versuch über die Religiosität der Zukunft. München: Claudius.

Gerechtigkeit[127]) und der Ethik (der Liebe) des freiheitlichen Sozialismus[128] der genossenschaftsartigen Miteinanderfreiheit in Miteinanderverantwortung.

> Die Konjunktiv-Ordnung des Menschen in der Geschichte:
> *soziale Freiheit* ↔ *negative Freiheit*
> ↑
> *Personalisierung* ← *pneumatische Weichenstellung* → *De-Personalisierung*
> ↑
> *Geist-Funktion der Kultur*
> ↓
> *Progression* ↔ *Regression*
> ↓
> *positive Individualität* ↔ *negative Individualität*

Es dreht sich folglich alles also um die Überwindung der »negativen« Freiheit durch die »soziale« Freiheit. Dergestalt gibt es eben negative und positive Individualität.

Die Frage der kollektivseelischen (→ Pathogenese/Salutogenese des sozialen Fortschritts) wie auch individualseelischen (→ Pathogenese/Salutogenese der Psychodynamik) Richtungsgeographie erweist sich als pneumatische Weichenstellungsfunktion des Geistes, der der Kultur innewohnt.

Es gibt im Konjunktiv-Raum der *conditio humana* eben die helle und die dunkle Seite der Macht des Geistes. Die Frage ist, was der Mensch mit den Gaben des Prometheus anfängt. Die Demut des Ikarus, um die es hier geht, lässt sich phänomenologisch klären, indem gefragt wird, ob in die Subjekt-Objekt-Bewegung eine Responsität eingebaut wird.

> Metamorphose der phänomenologischen Richtungsgeographie:
> *Dynamik der Aneignung: Subjekt* → *Bewegung* → *Objekt*
> ↓
> *Dynamik angesichts der vorgängigen Gegebenheit:*
> *Subjekt* → *Bewegung* → |*Responsität*| ← *Objekt*

---

127 Müller-Beck, Karin Elisabeth (Hrsg.) (2022): Gerechtigkeit – facettenreiches Prinzip und anspruchsvolle Gestaltungsaufgabe. Wiesbaden: Springer VS. Ferner Ladwig, Bernd (2013): Gerechtigkeitstheorien zur Einführung. 2., korr. Aufl. Hamburg: Junius Verlag.

128 Tillich, Paul (1969): Für und wider den Sozialismus. München und Hamburg: Verlag: Siebenstern Taschenbuch Verlag.

2. Zwischen Wahrheit und Geschichte: Einleitung

Hierbei kommt die Objekt-Subjekt-Umkehrung der Subjekt-Objekt-Phänomenologie zum Ausdruck, wobei aber erkennbar wird, dass das responsive Subjekt nicht in reiner Passivität dem invasiven Objekt gegenübersteht, also quasi »ausgeliefert« ist. Wäre dies der Fall, käme es nur zu einer Umkehrung der der Dominanzrichtung (>) der Gewaltordnung der Aneignung:

$$S > O \rightarrow O > S.$$

Vielmehr erweist sich das responsive Subjekt als ein Subjekt aktiver Passivität. Die Dialektik von Anrufung und Antwort fügt sich in das dialogische Prinzip, das ja konstitutiv ist für die personalistische Philosophie der Begegnung.

Der Mensch ohne ein humangerechtes Pneuma überwindet nicht seine Entfremdung, und er wird in der Folge keine wahre Form in seiner Ausdrucksgestalt annehmen. Vom Standpunkt einer Morphologie[129] des Problems erfolgt die Prädikation der Wahrheit[130] der Form durch den Sinn, wobei hier die Form zunächst die Ausdrucksgestalt des Sinns ist. Die Morphologie behandelt dergestalt das Zusammenspiel von Ausdrucksform

---

129 Schulz-Nieswandt, Frank (2023/24): Morphologie und Kulturgeschichte, Was sind Genossenschaften und wie erforscht man sie? In: Blome-Drees, Johannes/Göler von Ravensburg, Nicole/Jungmeister, Alexander/Schmale, Ingrid/Schulz-Nieswandt, Frank (Hrsg.): Handbuch Genossenschaftswesen. Wiesbaden: Springer VS; Schulz-Nieswandt, Frank (2023/2024): Morphologie. Metatheoretische Grundlagen zur Methodologie der Genossenschaftsforschung. In: Blome-Drees, Johannes/Göler von Ravensburg, Nicole/Jungmeister, Alexander/Schmale, Ingrid/Schulz-Nieswandt, Frank (Hrsg.): Handbuch Genossenschaftswesen. Wiesbaden: Springer VS; Schulz-Nieswandt, Frank (2023/2024): Genossenschaften: Ausblick auf die Zukunft. In: Blome-Drees, Johannes/Göler von Ravensburg, Nicole/Jungmeister, Alexander/Schmale, Ingrid/Schulz-Nieswandt, Frank (Hrsg.): Handbuch Genossenschaftswesen. Wiesbaden: Springer VS.

130 Bollnow weiterdenkend: Bollnow, Otto Friedrich (1975): Das Doppelgesicht der Wahrheit. Stuttgart u. a.: Kohlhammer. Es geht nicht nur um die Wahrhaftigkeit und um die tugendethische Erziehung zu dieser Echtheit, es geht darum, noch tiefer zur Verknüpfung mit der Seinswahrheit zu kommen. All dies betrifft sowohl die Tugendlehre (Bollnow, Otto Friedrich [1958]: Wesen und Wandel der Tugenden. Frankfurt am Main u. a.: Ullstein) als auch die Erkenntnistheorie: Bollnow, Otto Friedrich (1971): Philosophie der Erkenntnis. Das Vorverständnis und die Erfahrung des Neuen. Stuttgart u. a.: Kohlhammer. In der auf Pädagogik abstellenden (Koerrenz, Ralf [2004]: Otto Friedrich Bollnow. Ein pädagogisches Portrait. Weinheim/Basel: Beltz in UTB) Folge: Klappenecker, Gabriele (2007): Offenheit für die Fülle der Erscheinungen. Das Werk Otto Friedrich Bollnows und seine Bedeutung für eine phänomenologisch orientierte Religionspädagogik. Stuttgart: Kohlhammer.

2. Zwischen Wahrheit und Geschichte: Einleitung

und Sinn in der Gestalt. Aber die Form bringt als generative Form eben auch den Sinn zur Wirklichkeit.

Der ontologische Doppelcharakter der Form:
Passive Ausdrucksgestalt des Sinns
↑
Sinn + Form = Gestalt
↓
generative Kraft der Performativität als Wirklich-Werden des Sinns

---

Der Text als Gegenstand dieser Abhandlung nimmt den Bezugstext der angeführten Besprechung[131] auch als Bezugspunkt der vorliegenden essayistischen Abhandlung. An der Durchdringung des Bezugstextes entlang entfalte ich meinen Zugang zum Werk von Paul Tillich, dabei ältere Studien von mir fortführend, wobei mich durchaus ein Meta-Ziel leitet: Paul Tillichs Werk ist für mich – als Spurensucher[132], und dann, wenn ich einen Fund gemacht haben, als geistiger Wilderer in den Steinbrüchen der Literaturwelten, weshalb ich aber aus Respekt und Achtung[133] gegenüber dem Denken Dritter (Bibliotheken sind sozusagen der materialisierte objektive Geist des generalisierten Dritten) auch immer reichliche Literaturverweisapparate anbiete – ein wichtiger Baustein mit Säulenfunktion für die Architektur im Aufbau meiner onto-anthropologisch fundierten Kritischen Sozialtheorie, Rechtsphilosophie und Ethik des genossenschaftlichen Menschen.

---

131 Vgl. nochmals Schulz-Nieswandt (2023): Besprechung zu: Suh, Jin-Ho: Der Verlust der religiösen Substanz. Paul Tillichs Begriff des Profanen. Leipzig: Evangelische Verlagsanstalt 2023. In: Theologische Literaturzeitschrift.
132 Krämer, Sybille/Kogge, Werner/Grube, Gernot (Hrsg.) (2007): Spur. Spurenlesen als Orientierungstechnik und Wissenskunst. 2. Aufl. Frankfurt am Main: Suhrkamp.
133 Auch in anderen Publikationen betone ich immer wieder folgenden Sachverhalt: Ich verdanke – und nehme gleich noch die nachfolgende Formulierung relativierend ein Stück weiter wieder zurück – die ganze Art und Weise der Problematisierung mir selbst in meiner kreativen Intellektualität und ihrer vulnerablen seelischen Tiefe, mich selbst als ein Selbst aber als narrative Identität meiner Lebensgeschichte. Und den »Stoff«, den ich hier verarbeite, verdanke ich der Literatur, die ich – wie immer fleißig – verarbeitet habe. Hinter der Literatur stehen aber Menschen. So gesehen habe ich nichts aus mir selbst heraus generiert, sondern verdanke alles dem Input der Anderen. Aber mein synthetischer Eklektizismus als Ausdruck meiner Interdisziplinarität verweist bereits darauf, dass diese Haltung der aktiven Passivität kreativ ist, orientiert an der faszinierenden Vision einer holistischen Synthese.

Ich bin demnach und dergestalt – dies soll also ganz offensichtlich werden – auf der Spurensuche zu einer Metaphysik der Idee der Genossenschaft im Lichte des Werkes von Paul Tillich, dessen Werk ich verstehe als Grundlegung einer transzendentalen Ontologie einer post-säkularen Moderne.

2.6 Baustein: Metaphysik und Erfahrung

Eine transzendentale Ontologie[134] soll eine dynamische Prozessontologie meinen, die die generativen Mechanismen einer Geschichtlichkeit des Menschen thematisiert, die modallogisch[135] das Wirklich-Werden der wahren Form der menschlichen Daseinsgestaltung – zum Ende der Abhandlung hin thematisiere ich diese Form-Idee immer deutlicher, aber nur kurz und dicht als genossenschaftliche Form – als ein Noch-Nicht ermöglichen. Die Personalität ist hierbei die, neu-kantianisch gedacht, ebenso transzendentale Wertsetzung von höchster kultureller Bedeutung.[136]

Die Wertsetzung wird zur objektiven Idee dadurch transformiert, dass sie aus der modernen Naturrechtslehre der personalen Würde resultiert. Erst diese Metaphysik lässt die Bedeutung der Erkenntnisse der Erfahrungswissenschaften bedeutsam werden. Die Metaphysik ist jener Teil der Wissenschaften, die – hier näher an der Kunst und an Mythos/Religion als Formen der Erkenntnis[137] – die Wahrheit der Form als Ausdrucksgestalt des Menschen klären kann. Der Empirismus und der Positivismus, der den Empirismus, mitunter[138] mit katastrophalen Folgen, freihalten will von einer normativen Skalierung seiner Befunde, kennen nur die Richtigkeits-Wahrheit im Sinne von Protokollsätzen eines re-konstruktiven Realismus.

---

134 Vgl. auch Dienstbeck, Stefan (2015): Transzendentale Strukturtheorie. Stadien der Systembildung Paul Tillichs. Göttingen: Vandenhoeck & Rupprecht.
135 Gantner, Gösta (2021): Möglichkeit. Über einen Grundbegriff der praktischen Philosophie und kritischen Gesellschaftstheorie. Bielefeld: transcript.
136 Dazu auch in Schulz-Nieswandt, Frank (2018): Zur Metaphysikbedürftigkeit empirischer Alter(n)ssozialforschung. Baden-Baden: Nomos.
137 Vgl. Paetzold, Heinz (2014): Ernst Cassirer zur Einführung. 5. Aufl. Hamburg: Junius Verlag sowie Sandkühler, Hans Jörg/Pätzold, Detlev (Hrsg.) (2003): Kultur und Symbol. Ein Handbuch zur Philosophie Ernst Cassirers. Stuttgart/Weimar: Metzler.
138 Labatut, Benjamín (2020): Das blinde Licht. Irrfahrten der Wissenschaft: Berlin. Suhrkamp.

2. Zwischen Wahrheit und Geschichte: Einleitung

> Die Einheit der Wissenschaft (I):
> *Metaphysik der »juridischen Substanz«*
> ↓
> *transzendentale Normativität* ← *neu-kantianische Wissenschaftslehre*
> ↓
> *Bedeutungsanalyse (Faktizität im Sinnhorizont der Möglichkeit)*
> ↕
> *Empirismus* → *Positivismus*
> *empirische Befunde*

Die Metaphysik als Fundierung der Kulturphilosophie[139] der Frage, was aus (dem Mythos) der prometheischen Gabe des (kultur-stiftenden) Feuers resultiert, ist in der Folge ganz nahe an einer Theologie der Kultur, die darüber nachdenkt, in welchem Geist das Feuer[140] (exemplarisch, aber auch allgemeine Metapher für das, das Karl Marx die Produktivkräfte als Treiber des Wandels der Produktionsweisen nannte) genutzt wird.

Vor diesem Horizont eines Zusammenspiels von Metaphysik und Hermeneutik der juridischen Substanz auf der onto-anthropologische Grundlage des Personalismus einerseits und der Bedeutungsanalyse der empirischen Befunde der Erfahrungswissenschaft andererseits wird sowohl das Wissenschaftsverständnis als auch das Wirklichkeitsverständnis deutlicher.

> Einheit der Wissenschaft (II):
> *Wissenschaft = Metaphysik + Erfahrungswissenschaft*
> ↓
> *Mensch als Konjunktiv im Horizont seiner conditio humana*
> ↑
> *Wirklichkeit = Faktizität + Möglichkeit*

Ihr zentraler Gegenstand (insbesondere in rechtsphilosophischer und ethischer Hinsicht) ist der Mensch als Konjunktiv: Was ist der Mensch (→ Faktizität F), was könnte er sein (→ Möglichkeit M)? Die ganze Wirklichkeit (W) ist die endogene Dialektik der Geschichte (DdG) zwischen F und M:

$$W = W\,([F + M] \leftarrow DdG).$$

---

139 Konersmann, Ralf (Hrsg.) (2012): Handbuch Kulturphilosophie. Stuttgart/Weimar: Metzler.
140 Goudsblom, Johan (2016): Feuer und Zivilisation. 2. Aufl. Wiesbaden: Springer VS. Ferner auch: Claudia Sticher, Claudia (2017): Feuer. Symbol des Lebens und des Glaubens. Stuttgart: Verlag Katholisches Bibelwerk.

Sofern man diese Dialektik einerseits als Mechanismus der Entelechie im Zuge der Genese von Metamorphosen versteht, so darf diese Entelechie andererseits nicht als autopoietische Maschine mit eingebauten deterministischen Automatismus verstanden werden. Die *conditio humana* ist ein aktualgenetisches Archiv des Konjunktivs, wozu dann aber eben auch das Scheitern gehört. Kontingenz ist eine ontologische Kategorie im Zusammenspiel von Wahrheit und Geschichte.

2.7 Baustein: Eidgenössischer Bund und Personalität des Menschen

Ich denke dabei das Unbedingte nur als kognitive[141] Idee des Unbedingten, demnach also als eine objektive Idee der Kultur, als ein (wie auch in der Religionsphilosophie kontrovers diskutiert wurde) »als-ob«[142]-Unbedingtes, um die Notwendigkeit eines eidgenössischen Bundes über ein Etwas – nämlich über die Personalität des Menschen – hinreichend zu denken.

Dieser eidgenössische Bund der Heiligkeit der Personalität des Menschen sollte uns heilig sein, also so wertvoll, dass es dem utilitaristischen Zugriff der strategischen Zweckrationalität der instrumentellen Vernunft entzogen wird.

Hier im „es sollte uns heilig sein" wird das Zusammenspiel der Metaphysik der juridischen Substanz und des transzendentalen Normativität des Neu-Kantianismus deutlich, vorausgesetzt, die Normativität als Wertsetzung sei kein beliebiger Akt des Setzens im Sinne eines postmodernen Existenzialismus. Davor schützt die Metaphysik des Prinzips der Personalität.

Der Akt des Setzens ist immer ein »geworfener Entwurf«, und zu dieser Geworfenheit gehört auch der geschichtliche Stand der Entwicklung der Naturrechtslehre der Idee der personalen Menschenwürde. In diesem Sinne

---

141 Im Hintergrund wird der Beitrag von Ludwig Feuerbach im Lichte der Kritik von Marx immer noch unterschätzt: Tomasoni, Francesco (2015): Ludwig Feuerbach. Entstehung, Entwicklung und Bedeutung seines Werks. Göttingen: Waxmann.

142 Ceynowa, Klaus (1993): Zwischen Pragmatismus und Fiktionalismus. Hans Vaihingers „Philosophie des Als Ob". Würzburg: Königshausen & Neumann; Neuber, Matthias (Hrsg.) (2014): Fiktion und Fiktionalismus. Beiträge zu Hans Vaihingers „Philosophie des Als Ob". Würzburg: Königshausen & Neumann. Vgl. aber auch Wels, Andrea (1997): Die Fiktion des Begreifens und das Begreifen der Fiktion. Dimensionen und Defizite der Theorie der Fiktionen in Hans Vaihingers Philosophie des Als Ob. Frankfurt am Main u. a.: Lang.

2. Zwischen Wahrheit und Geschichte: Einleitung

wird man das rechtsphilosophische und ethische Potenzial im Werk von Ernst Bloch mit Blick auf Naturrecht und Geschichte[143] als Zusammenhang von Wahrheit und Geschichte in der hoffenden[144] Spurensuche[145] des Geistes der Utopie[146] lesen können. Soweit ist der religiöse Sozialismus und die a-theistische Utopie von Ernst Bloch nicht voneinander entfernt, wenn es um den befreiungstheologischen Exodus des heutigen Menschen aus der Lage der Herrschaft der Entfremdung in das neue Reich der Liebe geht.[147] Und wieder ist der Mensch ein Konjunktiv, denn er muss erst noch werden, was er (in der Möglichkeit als Teil der Wirklichkeit) bereits ist.[148]

Der eidgenössische Bund über die Heiligkeit der Personalität ist der heilige Anker als Grund der kommunikativen Verständigung der Menschen in der diskursiven Kommunikationsgemeinschaft, aber nicht selbst noch ein Gegenstand des Diskurses als performative Praxis der Generierung eines Vertrages.

Die Idee der personalen Würde ist der transzendentale Anker 1. Ordnung (W = T1. O). Der eidgenössische Bund (B = T2. O) wäre die transzendentale Voraussetzung 2. Ordnung. Beide sind quasi hintereinandergeschaltet die Ontologie der Ermöglichung (transzendentale Ontologie = OdE) der anerkennungspolitischen Diskursordung einer deliberativen Demokratie der kommunikativen Verständigungspraxis (Kommunikationsgemeinschaft der Diversität: KdD).

$$OdE = (T1.O; T2.O) \rightarrow KdD.$$

Die von einer sakralen Atmosphäre geprägten Präambeln der Verträge der Europäischen Union (EUV und AEUV) zeigen in ihrer Aura, dass es eben nicht Verträge ohne metaphysische Grundierung sind.[149] Damit werden – ebenso neu-kantianisch gedacht – kollektiv geteilte Ideen zur geschichtlichen Kraft in der bahnenden Strukturierung der Dynamik der Interessen in der vertraglichen Aushandlung. Es ist das Zusammenspiel von

---

143 Bloch, Ernst (1983): Naturrecht und menschliche Würde. 4. Aufl. Frankfurt am Main: Suhrkamp.
144 Bloch, Ernst (1985): Das Prinzip Hoffnung. 12. Aufl. Frankfurt am Main: Suhrkamp.
145 Bloch, Ernst (1985): Spuren. 11. Aufl. Frankfurt am Main: Suhrkamp.
146 Bloch, Ernst (1985): Geist der Utopie. 6. Aufl. Frankfurt am Main: Suhrkamp.
147 Bloch, Ernst (1985): Atheismus im Christentum. Zur Religion des Exodus und des Reichs. 5. Aufl. Frankfurt am Main: Suhrkamp.
148 Bloch, Ernst (1985): Tübinger Einleitung in die Philosophie. 2. Aufl. Frankfurt am Main: Suhrkamp.
149 Schulz-Nieswandt, Frank (2023): Die Europäische Union und die Eule der Minerva. Berlin u. a.: LIT.

2. Zwischen Wahrheit und Geschichte: Einleitung

Weltbildern und der Intentionalität der Menschen in der Geschichte. Man muss nur zum Himmel aufschauen und das Himmelsdreieck re-mythisierend als Dreigestirn von 1789 (Solidarität, Gleichheit, Freiheit) neu deuten. Diese Hoffnungsperspektive könnte als »Stern der Erlösung« mit Blick auf den angeführten Exodus durch ein »Tor« hindurch zu einem neuen Reich der Liebe verstanden werden. Es ist aber kein Jenseits, sondern das mögliche Diesseits als geschichtlicher Weltinnenraum. Dies ist die Gestaltidee der a-theistischen Post-Säkularität des ethischen Sozialismus im Ideal der genossenschaftlichen Form der Miteinanderfreiheit in Miteinanderverantwortung.

2.8 Baustein: Kritische Theologie als Quelle Kritischer Theorie

Die letzten Hinweise machen eine gewisse Problematik meiner Selbst-Positionierung deutlich. Themenfremden Menschen mag meine Abhandlung hermetisch und zu abgehoben sein. Dies ist einerseits eine mögliche Reaktion. Angesichts der unendlichen Weite, Tiefe und Dynamik der Tillich-Forschung mögen meine Reflexionen andererseits eher ein Achselzucken in der Tillich-Forschung als Hinweis auf Allzu-Selbstverständliches in der Tillich-Werk-Durchdringung induzieren. Es gibt aber einen legitimen Grund für meine Aktivität: Für die interdisziplinäre sozialwissenschaftliche Forschung, die mehr oder weniger keine Berührung – also Ahnung – von der Bedeutung von Paul Tillichs Werk (als »Kritische Theologie«[150]) hat, mag mein Beitrag ertragreich sein, weil sie eventuell den Blick öffnet und erweitert, auch wieder den Horizont der Kritischen Theorie, die mir in der neuen Kultur der Universität[151] fehlt.

Hinsichtlich des positivistischen Empirismus, der sich nur noch methodisch über die Subtilität der statistischen Modelle definiert, mache ich mir keine Illusionen, auch nicht über die Renaissance des Behaviorismus in der verhaltenswissenschaftlichen Ökonomik[152] im Modus der Labor-Spiel-

---

150 Schreiber, Gerhard/Schulz, Heiko (Hrsg.) (2015): Kritische Theologie. Paul Tillich in Frankfurt (1929-1933). Berlin: De Gruyter.
151 Schulz-Nieswandt, Frank (2022): Die Deutsche Universität. Eine tragische Groteske. Würzburg: Königshausen & Neumann.
152 Vgl. auch Heise, Arne/Sander, Henrike/Thieme, Sebastian (2017): Das Ende der Heterodoxie? Die Entwicklung der Wirtschaftswissenschaften in Deutschland. Wiesbaden: Springer VS. Auch der Metropolis-Verlag hat an Eindeutigkeit im Profil verloren.

2. Zwischen Wahrheit und Geschichte: Einleitung

Forschung: „c'est la vie» sagt die Bevölkerung Frankreich in ihrer überaus schönen Sprache.

2.9 Baustein: Transaktionalität, Aktualgenese und Responsität

So ist – bedenkt man die Erkenntnisinteressen und auch den stilistischen Duktus – die kleine Abhandlung nicht ohne Vorkenntnisse[153] hinsichtlich ihrer Eigenart, hinsichtlich ihres möglichen Wertes oder hinsichtlich ihrer problematisierbaren Sichtweise verstehbar.[154] Welchen Wert hat also die Eigenart der Sichtweise?

So wie ich mich der Theologie öffne, um eine post-theologischen Metaphysik als Ontologie der Hermeneutik der Existenz des geschichtlichen Menschen zwischen Entfremdung und der »sozialästhetischen« Idee der wahren Form zu entwickeln, so muss sich auch eine empirische Sozialwissenschaft einer solchen Ontologie des Menschen öffnen, um die performative[155] Kraft des Menschen im Rahmen einer responsiven Phänomenologie verstehen zu lernen.

Dies hat – auch als Kritik der instrumentellen Vernunft – Folgen für die Kategorie der Intentionalität[156] innerhalb der Varianten eines methodologischen Individualismus[157] in der Mikrosoziologie als Mikrofundierung

---

153 Da helfen dann auch keine Einsichtnahme in das ohnehin nicht vollumfängliche und tiefen-differenzierte Tillich-Lexikon. Vgl. https://tillichlexikon.wordpress.com/: Tag des Zugriffs: 27. August 2023. Vgl. auch Dieckmann, Detlef (Hrsg.) (2014): Tillich-Lexikon. Zu den Grundbegriffen der Systematischen Theologie Paul Tillichs. 2. Aufl. Pullach. Vgl. ferner in Manning, Russel Re (2009): The Cambridge Companion to Paul Tillich. Cambridge: Cambridge University Press.

154 Wesentliches biographisches Wissen wird ebenso vorausgesetzt: Schüßler, Werner (1997): Paul Tillich. München: Beck; Schüßler, Werner/Erdmann Sturm, Erdmann (2007): Paul Tillich. Leben, Werk, Wirkung. Darmstadt: WBG; Wehr, Gerhard (1998): Paul Tillich zur Einführung. Hamburg: Junius; Wehr, Gerhard (1979): Paul Tillich. In Selbstzeugnissen und Bilddokumenten dargestellt. Reinbek bei Hamburg: Rowohlt; Pauck, Wilhelm/Pauck, Marion (2015): Paul Tillich: His Life and Thought. Eugene/Oregon (US): Wipf and Stock Publishers.

155 Trawöger, Sibylle (2019): Ästhetik des Performativen und Kontemplation. Zur Relevanz eines kulturwissenschaftlichen Konzepts für die Systematische Theologie. Paderborn: Schöningh.

156 Baumgartner, Elisabeth (1985): Intentionalität: Begriffsgeschichte und Begriffsanwendung in der Psychologie, Würzburg: Königshausen & Neumann.

157 Schmid, Hans Bernhard (2012): Wir-Intentionalität. Kritik des ontologischen Individualismus und Rekonstruktion der Gemeinschaft. Freiburg i. Br./München: Alber.

der Makrosoziologie. In der Eigenart der aktiven Passivität ist der Mensch in asymmetrischer Weise in des Transaktionalismus[158] von »Merkwelt« und »Wirkwelt« eingestellt. Dies führt uns in die Gestaltpsychologie der Aktualgenese[159], die auf die aktivierende Eigenheit der Merkwelt verweist. Eine Merkwelt muss auch gemerkt werden, bedarf also einer Theorie der Responsität, die im Hören[160] aber nur einen der möglichen Kanäle findet. Die Wirkwelt bedarf einer Theorie des Subjekts. Nimmt man den Kreislauf der beiden Welten des Merkens und des Wirkens vollständig an, so kann es nur um eine Theorie des responsiven Subjekts gehen.

Der transaktionale Kreislauf und das responsive Weltverhältnis:

Merkwelt → |*Responsität*| ← *Subjekt*

↓

aktive Passivität = Wirkwelt

↓

Umwelt → (...)

Die Umwelt-Person-Beziehung wirkt hier wie eine Objekt-Subjekt-Objekt-(...)-Beziehung. Man wird sich von der Ego-zentrierten phänomenologischen Bewegung der Sinne als 1. Beobachtungsebene ebenso wie von der

---

158 Schulz-Nieswandt, Frank (2023): Der Mensch als geistiges Naturwesen bei Adolf Portmann (1897-1982). Reflexionsfragmente in Lichte eigener autobiographischer Perspektiven. Baden-Baden: Nomos.
159 Schulz-Nieswandt, Frank (2023): Aktualgenese und Selbsttranszendenz als Wesenskern innovativer Langzeitpflege am Beispiel der Tagespflege. In: ProAlter 55 (3): S. 4-9. Man kann aber ebenso auch in die Kinder- und Jugendhilfe-Psychologie eintauchen und im Lichte des Grundrechts des Kindes auf Umwelten des gelingenden Aufwachsens als Voraussetzung des Kindeswohles verweisen. In der UN-Grundrechtskonvention für Kinder kommt der Kultur der Familie die Geist-Funktion einer anregenden auratischen Atmosphäre der Liebe, des Vertrauens, der Transparenz, der prosozialen Empathie, des Glücks jenseits der Praktiken struktureller Gewalt zu. Richter, Ingo/Krappmann, Lothar/Wapler, Friederike (Hrsg.) (2020): Kinderrechte. Handbuch des deutschen und internationalen Kinder- und Jugendrechts. Baden-Baden: Nomos. Vor diesem Hintergrund kann man eine Metaphysik der Kindheit Siewerth, Gustav [1957]: Metaphysik der Kindheit. Freiburg i. Br.: Johannes Verlag Einsiedeln) diskutieren. Auf das Gesamtwerk von Gustav Siewerth soll hier jedoch nicht näher eingegangen werden. Vgl. u. a. Schulz, Michael (Hrsg.) (2016): Menschenbild und Humanisierende Bildung. Zur philosophischen Pädagogik Gustav Siewerths. Konstanz: Gustav-Siewerth-Gesellschaft. Vgl. ferner Drerup, Johannes/Schweiger, Gottfried (Hrsg.) (2019): Handbuch Philosophie der Kindheit. Stuttgart/Weimar: Metzler.
160 Lincoln, Ulrich (2014): Die Theologie und das Hören. Tübingen: Mohr Siebeck.

2. Zwischen Wahrheit und Geschichte: Einleitung

linearen Ketten-Darstellung der wissenschaftlichen Beobachtungsebene 2 nicht täuschen lassen dürfen. Denn die Um-Welt ist die subjektiv gemerkte Welt, in die das Subjekt eingestellt ist. Das Subjekt ist nicht einfach das Gegenüber seiner Um-Welt; das Subjekt ist ein immer schon eingefügter Teil in der Welt. Diese Welt ist ein geschichtlicher Sinnkontext und ein entsprechend orientierender Horizont.

Denn der Mensch ist von Beginn an in die Welt geworfen und reagiert in aktiver Passivität nicht im Modus absoluter Freiheit, sondern im Modus eines gebundenen und insofern bedingten Entwurfes. Damit bekommt eine post-cartesianische Phänomenologie, die nicht vom »Apriori des Ego« – wenngleich man den Beitrag von Edmund Husserl zu einer den Positivismus problematisierenden Epistemologie auch anders[161] betonen kann – ausgeht, eine ontologische »Grund-ierung«.

Die seit Jahren breit interdisziplinär diskutierte Kategorie der »Aufmerksamkeit« verweist wiederum auf die Offenheit des Subjekts[162], jedoch geht es hier[163] (1) um den zunächst trivial anmutenden Tatbestand, dass die Aufmerksamkeit etwas voraussetzt, auf das hin[164] der Mensch eben aufmerksam sein kann. Und dann geht es (2) um die Füllung einer Leere[165], die nun aber im Sinne der korrelativen Dialektik (im Sinne der weiter unten aufzugreifenden Methode bei Paul Tillich) weniger einseitig gesehen werden sollte.[166]

---

161 Philippi, Martina (2023): Selbstverständlichkeit und Problematisierung. Husserls Programm der Phänomenologie. Paderborn: Brill/Fink.
162 Wehrle, Maren (2014): Horizonte der Aufmerksamkeit. Entwurf einer dynamischen Konzeption der Aufmerksamkeit aus phänomenologischer und kognitionspsychologischer Sicht. München: Fink.
163 Reder, Michael (2016): Religion in säkularer Gesellschaft. Über die neue Aufmerksamkeit für Religion in der politischen Philosophie. Freiburg i. Br./München: Alber.
164 Heinsohn, Nina (2018): Simone Weils Konzept der attention. Religionsphilosophische und systematisch-theologische Studien. Tübingen: Mohr Siebeck.
165 Kühn, Rolf (2019): Leere und Aufmerksamkeit. Studien zum Offenbarungsdenken Simone Weils. 2. Aufl. Dresden: Verlag Text & Dialog.
166 Waldenfels, Bernhard (2014): Phänomenologie der Aufmerksamkeit. 5. Aufl. Frankfurt am Main: Suhrkamp.

2. Zwischen Wahrheit und Geschichte: Einleitung

2.10 Die Fügung der Bausteine und die Idee der Genossenschaft

Die hier, in der überlangen Einleitung, bereits angeführten Bausteine fügen sich – im Modus einer finalisierenden Verdichtung – zu einer Idee, die die Idee der Personalisierung im Zuge ihrer Stufen des Werdens in wachsenden Kreisen der Selbsttranszendierungen annimmt:

Transaktionaler Kontext des responsiven Subjekts → Wandlungen des Selbst.

Gemeint ist der Wandlungsprozess in Richtung auf das Wirklich-Werden des Selbst im Modus der Idee der genossenschaftlichen Form. Der Mensch baut sich in dem übergreifenden Kontext des transaktionalen Weltverhältnisses einen Sozialraum des gegenseitigen Miteinanders auf.

Dies ist im Lichte der Kölner Schule der gemeinwirtschaftlichen Genossenschaftsforschung zu verstehen, die der Methodologie der sozialen Morphologie[167] folgt. Verweise zu dieser Denkrichtung[168] werden im Verlauf der vorliegenden Abhandlung noch intensiver vorgenommen.

Wichtig erscheint mir, dass die Kölner Schule die Einzelwirtschafts-Gebilde-Lehre einbettend übersteigt[169] in Richtung auf das Thema der lo-

---

167 Blome-Drees, Johannes/Moldenhauer, Joschka (2023): Morphologie und Typologie genossenschaftlicher Betriebe. Münster u. a.: LIT. Breiter: Schulz-Nieswandt, Frank/Thimm, Philipp/Beideck, Julia (2024): »Dritter Sektor«: Morphologie und Topographie in einer dynamischen Mehr-Sektoren-Geometrie. In: Zeitschrift für Gemeinwirtschaft und Gemeinwohl 46 (4): S. 563-586 sowie Schulz-Nieswandt, Frank (2014): Morphologie des Dritten Sektors. Methodologisches Paradigma, theoretische Entwicklungslinien, aktuelle Fragestellungen. In: Brombach, Hartmut/Gille, Christopf/Haas, Bnjamin u. a. (Hrsg.): Zivilgesellschaftliches Engagement & Freiwilligendienste - Handbuch für Wissenschaft und Praxis, Nomos (i. V.). Vgl. ferner Schulz-Nieswandt, Frank/Blome-Drees, Johannes/Micken, Simon/Moldenhauer, Joschka/Thimm, Philipp (2014): Genossenschaften und Gemeinwohl: eine geeignete Gebildeform für Gemeinwohlaufgaben?! (erscheint demnächst) sowie Schulz-Nieswandt, Frank/Beideck, Julia/Blome-Drees, Johannes/Micken, Simon/Moldenhauer, Joschka/Thimm, Philipp (2023): Gemeinwohl und die Form der Genossenschaft. Die Genossenschaft als Form für Gemeinwohlaufgaben und ihre mögliche Ausdrucksgestalt als Commoning (erscheint demnächst).
168 Blome-Drees, Johannes/Göler von Ravensburg, Nicole/Jungmeister, Alexander/Schmale, Ingrid/Schulz-Nieswandt, Frank (Hrsg.) (2023/24): Handbuch Genossenschaftswesen. Wiesbaden: Springer VS.
169 Schulz-Nieswandt, Frank/Moldenhauer, Joschka (2023): Tischgenossenschaft und Genossenschaft der Tische. Eine kleine Morphologie der Miteinander-Gabe und der Für-Gabe für Andere als Formen sozialer Beziehungen Berlin u. a.: LIT.

2. Zwischen Wahrheit und Geschichte: Einleitung

kalen/regionalen Sozialraumbildung, dabei die Einzelgebilde[170] (in ihrer wirtschaftlichen, kulturellen, sozialen Zweckbindung) in ihrer Diffusion in neue Felder (z. B. als Sozialgenossenschaften[171], z. B. die Seniorengenossenschaften[172] und das weitere Themenfeld der Infrastrukturgenossenschaften) – innerhalb des Innenraum-bezogenen Mitgliederförderauftrag oder als erweiterten Förderauftrag – auch auf den Außenraum-Bezug[173] hin analysiert, wobei sich dabei auch Netzwerkbildungen von Einzelgebilden ebenso anvisiert werden wie genossenschaftliche Lösungen als Plattform-Organisationen solcher Vernetzungen. Letztendlich können ganze Quartiere oder auch die Kommune insgesamt als genossenschaftsartige Sozialräume verstanden werden.[174] Das Thema ordnet sich aus der Kölner Lehrmeinung heraus ein in die Problematik der kommunalen Daseinsvorsorge[175] – auch europarechtlich[176] – gemäß Art. 28 GG als Teil der Verfassungsidee des sozialen Bundesssstaates des Art. 20 GG mit sozialräumlichen[177] Blick auf

---

170 Blome-Drees, Johannes (2022): Kooperatives Wirtschaften in Genossenschaften. Münster u. a.: LIT.
171 Beideck, Julia M. (2020): Sozialgenossenschaften als Akteure des Dritten Sektors - Eine konzeptionelle Analyse. In: Zeitschrift für öffentliche und gemeinwirtschaftliche Unternehmen 43 (1-2): S. 105-131. Zum Dritten Sektor vgl. auch die bereits angegebenen Literatur von Schulz-Nieswandt u. a.
172 Schulz-Nieswandt, Frank (2023): »Alltagsbegleitung, Betreuung und haushaltshilfliche Dienstleistungen im Alter« der BürgerSozialGenossenschaft Biberach eG. Forschungsbericht zur Begleitung des Projekts „In Würde zu Hause alt werden" im Modus narrativer Ethnographie. Baden-Baden: Nomos sowie Köstler, Ursula (2018): Seniorengenossenschaften. Ein morphologischer Überblick zu gemeinwirtschaftlichen Gegenseitigkeits-Gebilden der sozialraumorientierten Daseinsvorsorge. Baden-Baden: Nomos.
173 Moldenhauer, Joschka/Micken, Simon/Thimm, Philipp (2022): Gemeinwohlökonomie und gemeinwirtschaftliche Genossenschaften und ihre Bedeutung für die Sozialraumentwicklung. In: ProAlter 54 (4): S. 9-13.
174 Dazu Schulz-Nieswandt, Frank (2024): Genossenschaft, Sozialraum, Daseinsvorsorge. Die Wahrheit der Form und ihr Wirklich-Werden in der Geschichte im Ausgang von Paul Tillich. Baden-Baden: Nomos (i. D.).
175 Neu, Claudia (Hrsg.) (2022): Handbuch Daseinsvorsorge. Ein Überblick aus Forschung und Praxis. Berlin: VKU Verlag.
176 Schulz-Nieswandt, Frank (2023): Die Europäische Union und die Eule der Minerva. Berlin u. a.: LIT.
177 Kersten, Jens/Neu, Claudia/Vogel, Berthold (2022): Das Soziale-Orte-Konzept. Zusammenhalt in einer vulnerablen Gesellschaft. Bielefeld: transcript; Kersten, Jens/Neu, Claudia/Vogel, Berthold (2019): Politik des Zusammenhalts. Über Demokratie und Bürokratie. Hamburg: Hamburger Edition, HIS.

urbane und rurale[178] Räume im Zusammenhang mit dem Leitbild der Gleichwertigkeit der Lebensverhältnisse im Raum.[179]

---

178 Langner, Sigrun/Weiland, Marc (Hrsg.) (2022): Die Zukunft auf dem Land. Imagination, Projektion, Planung, Gestaltung. Bielefeld: transcript.
179 Beck, Joachim, Stember, Jürgen/Lasar, Andreas (Hrsg.) (2021): Gleichwertigkeit der Lebensverhältnisse. Möglichkeiten und Wege der Gestaltung für die öffentliche Verwaltung. Baden-Baden: Nomos; Reichel, Susanne (2009): Gleichwertigkeit der Lebensverhältnisse. Verfassungsauftrag und Raumordnungsrecht. München: Beck; Stielike, Jan M. (2021): Sozialstaatliche Verpflichtungen und raumordnerische Möglichkeiten zur Sicherung der Daseinsvorsorge. Baden-Baden: Nomos.

3. Zur Geometrie der Offenbarungstheologien

Ausgehend von einer responsiven Phänomenologie der aktiven Passivität[180] des de-zentrierten Menschen – womit ich einem spezifischen Typus der Phänomenologie[181] jenseits eines intentionalistischen Idealismus des Subjektes folge – kommen wir hiermit der Korrelationsmethode von Paul Tillich nahe, da der Sinn-suchende, weil der der Metaphysik bedürftige Mensch (als Individualseele) auf die Sinn-Gebung vorgängiger objektiver Ideen als Geistfunktion der Kultur (als Kollektivseele) angewiesen ist. An dieser Stelle kommt die hinter der Methode der Korrelation stehende Religionsphilosophie von Paul Tillich ins Spiel. Diese ist eine Theologie der Kultur, die er im Zuge einer onto-anthropologischen Wende – anders als das diastatische Denken des vertikalistischen Supranaturalismus[182] der dialektischen[183] (eigentlich: dualistischen) Theologie von Karl Barth[184] – existenzialphilosophisch zur Grundlage seiner Systematischen Theologie macht.

---

180 Dazu auch Hueck, Johanna (2023): Aktive Passivität. Krisis und Selbsttransformation der Subjektivität im Denken F.W.J. Schellings. Baden Baden: Nomos.
181 Alloa, Emmanuel/Breyer, Thiemo/Caminada, Emanuele (Hrsg.) (2023): Handbuch Phänomenologie. Tübingen: Mohr Siebeck.
182 Dazu auch in Galles, Paul (2012): Situation und Botschaft. Die soteriologische Vermittlung von Anthropologie und Christologie in den offenen Denkformen von Paul Tillich und Walter Kasper. Berlin: De Gruyter.
183 Vgl. auch Park, Sungchole (2019): Politische Theologie bei Karl Barth, Helmut Gollwitzer und Jürgen Moltmann. Eine politisch-hermeneutische Untersuchung zum Zusammenhang vom Linksbarthianismus und der „neuen" politischen Theologie. Berlin: Springer.
184 Exemplarisch für die Ablehnung einer anthropologischen Wende: Böger, Martin (2018): Dionysos gegen den Gekreuzigten .... Karl Barths Nietzsche-Rezeption in der Auseinandersetzung um das Sein und die Bestimmung des Menschen. Göttingen: V&R unipress. Differenzierter: Voigt, Albrecht (2017): Wirkliche Göttlichkeit oder göttliche Wirklichkeit? Die Herausforderungen der Gegensatzproblematik in Romano Guardinis latentem Gespräch mit Friedrich Nietzsche. Dresden: Verlag Text & Dialog. Dass ich Guardinis Werk für anthropologisch offener halte, habe ich auch angesprochen in: Schulz-Nieswandt, Frank (2015): Zur verborgenen Psychodynamik in der theologischen Anthropologie. Eine strukturalistische Sichtung. Baden-Baden: Nomos.

3. Zur Geometrie der Offenbarungstheologien

Damit wird Paul Tillich auch – interreligiös[185] – offen für andere Religionen weltweit.[186] Daher überrascht es nicht, dass mehrere Dissertationen zu diesen Perspektiven gibt. Karl Barth ging es dagegen nur um den christlichen Glauben, (andere) Religionen[187] interessierten ihn nicht[188], waren letztendlich nur Formen des Heidentums, während Paul Tillich – fundiert pro-semitisch – u. a. für die jüdische Religion offen war.[189] Überhaupt war Karl Barth[190] gnadenlos im Umgang mit anders denkenden Menschen, seien es Vertreter eines dialogischen Personalismus[191] oder sei es das Denken des Absoluten und der Chiffren der Transzendenz[192] in der philosophischen Glaubenslehre bei Karl Jaspers[193], für den er nur den Spott auf das Jasperle-Theater übrig hatte.

3.1 Präpositionenlehre der Geometrie der Offenbarung

Die Geometrien der Offenbarungstheologien[194] sind unterschiedlich. Die verschiedenen geometrischen Figurationen verweisen auf unterschiedliche

---

185 Grube, Dirk-Martin (2019): Offenbarung, absolute Wahrheit und interreligiöser Dialog. Studien zur Theologie Paul Tillichs. Berlin: De Gruyter.
186 Chan, Ka-fu Keith/Ng, Yau-nang William (Hrsg.) (2017): Paul Tillich and Asian Religions. Berlin: De Gruyter. Ferner auch Jäger, Stefan S. (2011): Glaube und Religiöse Rede bei Tillich und im Shin-Buddhismus. Eine religionshermeneutische Studie. Berlin: De Gruyter.
187 Wunn, Ina (2018): Barbaren, Geister, Gotteskrieger. Die Evolution der Religionen – entschlüsselt. Berlin: Springer; Bellah, Robert N. (2021): Der Ursprung der Religion. Vom Paläolithikum bis zur Achsenzeit. Freiburg i. Br. u. a.: Herder sowie Maier, Bernhard (2023): Weltgeschichte der Religionen. Von der Steinzeit bis heute. München: Beck.
188 Dazu auch: Hennecke, Susanne (Hrsg.) (2018): Karl Barth und die Religion(en). Erkundungen in den Weltreligionen und der Ökumene. Göttingen: V & R unipress.
189 Meditz, Robert E. (2016): The Dialectic of the Holy. Paul Tillich's Idea of Judaism within the History of Religion. Berlin: De Gruyter.
190 Beintker, Michael (Hrsg.) (2016): Barth Handbuch. Tübingen: Mohr Siebeck.
191 Etwa in den Werken von Emmanuel Mounier, Romano Guardini, Gabriel Marcel, Peter Wust, Max Scheler, Martin Buber, Ferdinand Ebner, Franz Rosenzweig, Emil Brunner, Friedrich Gogarten, Theodor Steinbüchel, Karl Löwith, Karl Lugmayer, Nicolai Berdiajew, Luigi Pareyson, Eugen Rosenstock-Huessy usw.
192 Szczepanik, Artur (2005): Gott als absolute Transzendenz: Die Verborgenheit Gottes in der Philosophie von Karl Jaspers. München Utz Verlag.
193 Vgl. auch Schüßler, Werner (1995): Karl Jaspers zur Einführung, Hamburg: Junius.
194 Stosch, Klaus von (2010): Offenbarung. Grundwissen Theologie. Paderborn: Schöningh in UTB.

3. Zur Geometrie der Offenbarungstheologien

Präpositionen[195], die die Grammatik der Anordnung von Gott und Mensch betreffen. Das »Über« ist eine Präposition des hierarchischen Denkens. Ein »Gegenüber« ist nicht das Problem.

> Der Raum der vertikalen und der horizontalen Achse:
> *oben*
> *Mensch ↔ Mensch-Relation* ← ↓ → *Gott ↔ Mensch-Relation*
> *unten*

Es sieht so simpel aus, ist es aber nicht, weil eine programmgenetische Logik der autoritären Vertikalspannung die Relation codiert, woraus auch eine strikte Trennung von Religion und Politik resultiert.

Hier geht es um Anrufung von oben und um Gehorsam da unten. Die horizontale Polarität ist dagegen eine dialogische Begegnung: Hier geht es um Ruf von hier und Antwort von dort, vermittelt über die Geist-Funktion der Kultur:

> *Der bedingte Mensch: hier ↔ ein Dazwischen: die Kultur ↔ dort:*
> *das Unbedingte.*

Hier ist die Kultur die intermediäre Welt der Begegnung (der Faltung) von Gott und Mensch im Sinne einer politischen Theologie der Freiheit im Modus der Gerechtigkeit als Wahrheit in der Geschichte. Die pneumatische Substanz der Kultur ist die juridische Substanz der weltlichen Regulierungsordnung:

> *Kraftquelle der Liebe*
> ↓
> *Macht der politischen Daseinsgestaltung ← Perspektive der Gerechtigkeit.*

Die Differenz beider geometrischer Modelle resultiert aus der Bejahung bzw. der Verneinung der anthropologischen Wende in der Theologie hin zu einer existenzphilosophischen Ontologie als fundamentale Grundierung der Theologie.

Es geht[196] hierbei um die Kritik des Vertikalen (das Prinzip der Herrschaft) im Lichte des Horizontalen (Prinzip der Genossenschaft). »Neben«

---

195 Dazu auch in Dempf, Alois (1950): Theoretische Anthropologie. Bern: A. Francke: S. 131.
196 Schulz-Nieswandt, Frank (2003): Herrschaft und Genossenschaft. Zur Anthropologie elementarer Formen sozialer Politik und der Gesellung auf historischer Grundlage. Berlin: Duncker & Humblot. Ferner: Schulz-Nieswandt, Frank (2017): Genos-

3. Zur Geometrie der Offenbarungstheologien

ist eine Präposition, die auf Augenhöhe eine dialogische Begegnung[197] ermöglicht.

Wenn es gilt, Präpositionen des Ortes, der Zeit, der Art und Weise und des Grundes bzw. des Ziels zu unterscheiden, dann wird in der epistemischen Landschaft der verschiedenen Offenbarungstheologien deutlich, dass diese Typen verknüpft werden.

Dass die Götter im Himmel und die Menschen auf der Erde wohnen, das ist ein gängiger Topos in der Geschichte religiöser Weltbilder.[198] Hier nun geht es aber über die genaue Art und Weise, wie die Stellung des Menschen zwischen Himmel und Erde konfiguriert wird.[199]

Bei Paul Tillich wird in der messianisch aufgeladenen Jetzt-Zeit des Hier im geschichtlichen Raum der Kultur des Zusammenspiels der konkreten, existenzial sorgenden Menschen eine Korrelation reziproker Bezugspunkte (das Bedingte und das Unbedingte im seienden Sein) aus dem Grund der Liebe heraus mit dem Ziel des Wirklich-Werdens einer wahren Form des personalen Menschen zum Thema. Dies erfolgt im Rahmen der *conditio humana* des Menschen zwischen Vulnerabilität[200] und Würde[201], seiner Abhängigkeit und seiner relativen/relationalen/kontextuellen Autonomie, zwischen Freiheit und Schicksal[202], zwischen Responsität und Kreativität gedacht. Die menschliche Selbstwerdung der Person in Würde[203] hängt von der Responsität der epipahnischen Erfahrbarkeit als Welt-Erleben im

---

senschaftliche Selbsthilfe in anthropologischer Perspektive. In: Schmale, Ingrid/Blome-Drees, Johannes (Hrsg.): Genossenschaft innovativ. Wiesbaden: Springer VS: S. 345-362.
197 Wojcieszuk, Magdalena (2015): Der Mensch wird am Du zum Ich. Eine Auseinandersetzung mit der Dialogphilosophie des XX. Jahrhunderts. (2010). Wiesbaden: Springer VS.
198 Eliade, Mircea (1990): Das Heilige und das Profane. Vom Wesen des Religiösen. 5. Aufl. Frankfurt am Main: Suhrkamp.
199 Gallus, Petr (2007): Der Mensch zwischen Himmel und Erde. Der Glaubensbegriff bei Paul Tillich und Karl Barth. Leipzig: Evangelische Verlags-Anstalt.
200 Keul, Hildegund (2021): Verwundbar sein. Vulnerabilität und die Kostbarkeit des Lebens. Mainz: Matthias-Grünewald.
201 Schulz-Nieswandt, Frank (2021): Verletzbarkeit und Würde. In: Klapper, Bernadette/Chichon, Irina (Hrsg.): Neustart! Für die Zukunft des Gesundheitswesens. Berlin: MWV: S. 345-356.
202 Guardini, Romano (2018): Freiheit - Gnade – Schicksal. Drei Kapitel zur Deutung des Daseins. Mainz: Matthias-Grünewald.
203 Rohmann, Klaus (2021): Selbstwerdung in Würde. Philosophisch-theologisches Nachdenken über das Menschsein heute. Darmstadt: wbg Academic in WBG.

3. Zur Geometrie der Offenbarungstheologien

Modus einer Aktualgenese ab. Das gilt auch (bio-semiotisch)[204] für das Naturerleben.[205]

Bei Karl Barth handelt es sich um eine vertikale Top-down-Dominanz »von oben nach unten«: Die Diastase einer Gottesauffassung des radikal Ganz Anderen verbindet die Vertikalität mit einer autoritären Direktionalität: Es ist das Denken der Y-Achse des Raumes.

Bei Romano Guardini[206] ist es eine andere vertikale Sicht im Modus »von oben hin zur Offenheit des Menschen«. Dabei ist es interessant zu sehen, dass das nicht als ein »Unten« bezeichnete Offene (als Boden) wie eine Wanne gedacht ist. Es ist kein punktueller Pol, der vom Pol im »Oben« getroffen wird wie (bei Zeus[207]) von einem Blitz[208]. Auch JHWE war bekanntlich als Sonnengott mitunter ein zorniger Wettergott. Das Offene ist ein Fundament, nämlich die geschichtliche Einbettung des responsiven Menschen in seinem Leben als ein seiendes Dasein, das aber nach oben hin offen ist. Es geht nicht um die (psychodynamische[209]) dominante Perspektive der Hierarchie: Es geht um Offenheit und um das Werden: Der Mensch in der offenen Wanne kann mit Geist beseelt werden.

Intuitiv, in einer gewissen Offenheit für atmosphärische Subtexte, hat man das Gefühl, bei Karl Barth würde eine an traditionaler Autorität orientierte Vater-Religion vorliegen, bei Paul Tillich eher eine ungeschlechtliche[210] Mütterlichkeit der Sorge. Bei Barth ist es die christliche Rezeption

---

204 Dazu in Schulz-Nieswandt, Frank (2023). Der Mensch als geistiges Naturwesen bei Adolf Portmann (1897-1982). Reflexionsfragmente in Lichte eigener autobiographischer Perspektiven. Baden-Baden: Nomos.
205 Bründl, Jürgen/Laubach, Thomas/Lindner, Konstantin (Hrsg.) (2021): Zeichenlandschaften. Religiöse Semiotisierungen im interdisziplinären Diskurs. Bamberg: University of Bamberg Press.
206 Guardini, Romano (1940): Die Offenbarung. Ihr Wesen und ihre Formen. Würzburg: Werkbund.
207 Krause, Christiane (2008): Zeus. In: Moog-Grünewald, Maria (Hrsg.): Mythenrezeption. Die antike Mythologie in Literatur, Musik und Kunst von den Anfängen bis zur Gegenwart. Stuttgart/Weimar: Metzler: S. 674–678.
208 Jacobsthal, Paul (1906): Der Blitz in der orientalischen und griechischen Kunst. Berlin: Weidmann.
209 Schildmann, Wolfgang (2006): Karl Barths Träume. Zur verborgenen Psychodynamik seines Werks. 2., überarb. u. erw. Aufl. Zürich: Theologischer Verlag Zürich. Dazu insgesamt auch Tietz, Christiane (2018): Karl Barth. Ein Leben im Widerspruch. 2., durchgeseh. Aufl. München: Beck.
210 Heidinger, Isabella (2010): Das Prinzip Mütterlichkeit - geschlechterübergreifende soziale Ressource. Gegenstandstheoretische und handlungsorientierte Perspektiven. Wiesbaden: VS.

3. Zur Geometrie der Offenbarungstheologien

des alttestamentlichen Hörens. Bei Paul Tillich kommen Geist, Seele und Körper des ganzen Menschen ins Spiel. Auf dem Marktplatz – der Agora in der Polis – kommt der Mensch auf Augenhöhe in den Dialog. Der Dialog ist kein Ort einer Dogmatik, sondern der kommunikativen Suche nach Antworten auf dringliche Fragen als Herausforderungen als Aufgaben der Entwicklung. Auch hier spricht die Sprache als Akte des Sprechens. Aber es spricht nicht der Vater, der Hirte, und die Kinder (die Herde) hören zu. Selbst die Prophetie als von oben authorisierte Deutungsmacht wird in der dialogischen Horizontale ersetzt durch die Sinn-Funktion der pneumatischen Kultur. Demokratie kennt Verfassungsgerichte in roten Roben, die Wächter des eidgenössischen Bundes der genossenschaftsartigen Miteinanderfreiheit im sozialen Rechtsstaates[211], aber kein Sakralkönigtum.

3.2 Zur Logik der Korrelation

Die Sicht auf das Offene bei Romano Guardini ähnelt der Korrelationsmethode von Paul Tillich, die demnach eine Art von asymmetrischer Reziprozität[212] ist, wobei der Schrei[213] (womit das Werk von Kierkegaard[214] in das Zentrum der Reflexion gelangt) des »expressiven Individuums«[215] – ebenso wie andere mitmenschliche[216] Verweisstrukturen von Sprechakten[217] – vom

---

211 Blechta, Gabor Paul (2010): Romano Guardini als Rechtsdenker. In: Freiburger Zeitschrift für Philosophie und Theologie 57 (1): S. 50-75.
212 Vgl. auch Bruni, Luigino (2020): Reziprozität. Grundform der sozialen, ökonomischen und politischen Ordnung. Wiesbaden: Springer VS.
213 Hier dürfte auch der Beitrag von Sören Kierkegaard nicht zu unterschätzen sein: Králik, Roman (2015): Kierkegaard and his influence on Tillichs Philosophy of religion. In: European Journal of Science and Theology 11 (3): S. 183-189. Ferner Polish, Daniel F. (2007): Talking about God: Exploring the Meaning of Religious Life with Kierkegaard, Buber, Tillich, and Heschel. The Center for Religious Inquiry Series. Woodstock, VT: SkyLight Paths Publishing sowie Losee, John (Hrsg.) (2018): Theology on Trial: Kierkegaard and Tillich on the Status of Theology. New York: Routledge.
214 Fahrenbach, Helmut (2017): Kierkegaards existenzdialektische Ethik. Mössingen-Talheim: Talheimer.
215 Taylor, Charles (2001): Die Formen des Religiösen in der Gegenwart. 5. Aufl. Frankfurt am Main: Suhrkamp.
216 Löwith, Karl (2016): Das Individuum in der Rolle des Mitmenschen. 2. Aufl. Freiburg i. Br./München: Alber.
217 Bodenheimer, Alfred/Tück, Jan-Heiner (Hrsg.) (2014): Klagen, Bitten, Loben. Formen religiöser Rede in der Gegenwartsliteratur. Mainz: Matthias-Grünewald.

Menschen ausgeht und die Antwort vom Sinn des Unbedingten mittels der Geist-Funktion der Kultur kommt.[218]

Paul Tillich denkt zugleich aber eine Konfiguration von Vertikalität und Horizontalität der Selbsttranszendierungen. Paul Tillich modelliert den Raum der Koordination der Y-Achse und der X-Achse. Das Unbedingte steht zum Bedingten mittels der Geist-Funktion der Kultur in einer Vertikalbeziehung, aber die Menschen stehen – dialogisch[219] – zu ihren Mitmenschen in einer horizontalen mehrstufigen Abfolge von Selbsttranszendenzleistungen über die Freundschaft (Philia) zur universalen Nächstenliebe (Agape). Mit dem expressiven Schrei des vulnerablen Menschen in seiner existenzialen Not ist bei Tillich eine onto-anthropologische[220] Wende in der Theologie wirksam, die mit der Kategorie der Offenheit des Menschen ebenso wirksam ist. Für Karl Barth ist die anthropologische Wende wohl eher der Weg in den atheistischen Humanismus der Hybris. Mit dem horizontalen Vektor der Selbsttranszendierungen nimmt Paul Tillich die ethische Gestaltungsaufgabe des wahren Lebens des konkreten Menschen (in seinem Alltag[221]) in der Geschichte[222] als Zeitlichkeit[223] des Daseins im Lichte seiner Theologie der Kultur auch rechtsphilosophisch (mit Blick auf die soziale Gerechtigkeit in der Demokratie[224]) positiv an.

Die Offenheit der Wanne bei Romano Guardini, aus der heraus eben auch der existenziale Schrei kommt, wird bei Paul Tillich mit Daseinstiefe

---

218 Dienstbeck, Stefan (2010): Hierarchische Reziprozität. Das Gottesprinzip der Freiheitsschrift Schellings in Paul Tillichs Systematischer Theologie von 1913. In: Wenz, Gunther (Hrsg.): Das Böse und sein Grund. Zur Rezeptionsgeschichte von Schellings Freiheitsschrift 1809. Beck: München: S. 123-147.
219 Jung, Thomas (2023): Das Du-Bewusstsein. Zur Sozialontologie der zweiten Person. Baden-Baden: Nomos.
220 Instruktiv auch: Bruns, Katja (2011): Anthropologie zwischen Theologie und Naturwissenschaft bei Paul Tillich und Kurt Goldstein. Historische Grundlagen und systematische Perspektiven. Göttingen: Edition Ruprecht.
221 Zager, Raphael/Zager, Werner (Hrsg.) (2023): Christsein im Alltag. Impulse des liberalen Christentums. Leipzig: Evangelische Verlagsanstalt.
222 Hoye, William J. (2013): Die Wirklichkeit der Wahrheit. Freiheit der Gesellschaft und Anspruch des Unbedingten. Wiesbaden: Springer VS.
223 Weidner, Daniel (2020): Prophetic Criticism and the Rhetoric of Temporality: Paul Tillich's Kairos Texts and Weimar Intellectual Politics. Political Theology 21 (1-2): S. 71-88.
224 Blechta, Gabor Paul (2010): Romano Guardini als Rechtsdenker. In: Freiburger Zeitschrift für Philosophie und Theologie 57 (1): S. 50-75.

3. Zur Geometrie der Offenbarungstheologien

gefüllt. Die Tiefe[225] ist die Z-Achse, die aber in der Verbindung mit den Metamorphosen als Selbsttranszendierungen einen post-euklidischen Raum des Wirklich-Werdens als Wahr-Werden in einem System wachsender Ringe konstituiert.

Bedeutsam wäre es, wenn die Hypothese validierbar wäre, wonach bei Paul Tillich der euklidische Vektorraum von Vertikalität und Horizontalität mutieren würde zu einem post-euklidischen Raumverständnis, da die Zeitlichkeit der Geschichte, die hier existenzontologisch eingeführt wird, die Identität des Menschen in dem Raum verändert[226], denn es kommt zu Selbsttranzendierungen als Metamorphosen durch die an Romano Guardini erinnernde Offenheit (als konstitutives Element des Weltverhältnisses, das die Art und Weise des Welterlebens[227] prägt) im Modus einer Responsität aktiver Passivität als kreative Mimetik.[228]

3.3 Politische Theologie, messianische Sozialeschatologie und Ästhetik der wahren Form

Karl Barth lehnt jegliche politische Theologie[229] (als Philosophie der Hoffnung auf Befreiung[230], in der vorliegenden Abhandlung vor allem bezogen auf das existenziale Problem der Entfremdung als Entwurzelung des mo-

---

225 Tillich, Paul (1987): Religiöse Reden. Nachdruck von: In der Tiefe ist Wahrheit - Das Neue Sein - Das Ewige im Jetzt. De Gruyter. Dazu auch Dienst, Karl (2014): Tiefe des Seins? Anonymes Christentum? Eine Erinnerung an Paul Tillich (1886-1965) und an Karl Rahner (1904-1984). In: Journal of religious culture Nr. 197.
226 Schippling, Kristina/Seubert, Harald (2021): Bewusstseinssprung. Im Raum von Selbst und Welt. Ein Dialog über Wahrnehmung und Gegenwärtigkeit. Basel: Schwabe Verlagsgruppe AG Schwabe Verlag.
227 Dazu auch instruktiv: Martikainen, Eeva (2002): Religion als Werterlebnis. Die praktische Begründung der Dogmatik bei Wilhelm Herrmann. Göttingen: Vandenhoeck & Ruprecht.
228 Riepl, Rainer A. (2019): Kreatives Tun und seine Ermöglichung durch das absolute LEBEN. Dresden: Verlag Text & Dialog.
229 Brokoff, Jürgen/Fohrmann, Jürgen (Hrsg.) (2003): Politische Theologie. Formen und Funktionen im 20. Jahrhundert. Paderborn: Schöningh; Collet, Jan Niklas/Herbst, Jan-Hendrik (2023): Einführung in die Politische Theologie. Wiesbaden: Springer VS.
230 Metz, Johann Baptist/Moltmann, Jürgen (2011): Politische Theologie. Neuere Geschichte und Potenziale. Göttingen: Vandenhoeck & Ruprecht. Mit Bezug auf Paul Tillich vgl. auch Schwartz, Detlef (2018): Herausforderungen an uns - lateinamerikanische Befreiungstheologie trifft auf Europa. Berlin: Logos.

3. Zur Geometrie der Offenbarungstheologien

dernen Menschen) ab.[231] Seine Auslegung des Römer-Briefes[232] unterscheidet sich von neueren Versuchen (bei Giorgio Agamben[233] oder bei Alain Badiou[234]), die eine messianisch aufgeladene Jetzt-Zeit zur Grundlage konkreter Utopien machen.[235] Doch wir kommen hiermit in das weite und komplexe Feld des jüdischen Tradition des Messianismus[236] (u. a. im Werk von Walter Benjamin[237]) in Bezug auf sozialeschatologische[238] Varianten utopischer Geschichtsphilosophie[239], zu der auch die Problematik des Kairos-artigen Moments zählt.[240]

---

231 Zeindler, Matthias/Frettlöh, Magdalene L. (Hrsg.) (2022): Theologie am Nullpunkt. Karl Barth und die Krise der Kirche. Zürich: Theologischer Verlag Zürich.
232 Barth, Karl (2019): Der Römerbrief. Zweite Fassung (1922). 21. Aufl. Zürich: Theologischer Verlag Zürich.
233 Agamben, Giorgio (2006): Die Zeit, die bleibt. Ein Kommentar zum Römerbrief. 6. Aufl. Frankfurt am Main: Suhrkamp; Kirschner, Martin (Hrsg.) (2020): Subversiver Messianismus. Interdisziplinäre Agamben-Lektüren. Berlin: Academia. Dabei bleibt vieles doch auch eher kryptisch oder gar hermetisch: Kühn, Hendrik (2020): Theorie der Singularitäten. Eine Lektüre von Giorgio Agambens ›Die kommende Gemeinschaft‹. Weilerswist: Velbrück. Vgl. ferner Panattoni, Riccardo (2016): Ekklesia und Eschaton. Der Römerbrief und die Politische Theologie. München: Fink.
234 Geitzhaus, Philipp (2018): Paulinischer Universalismus. Alain Badiou im Lichte der Politischen Theologie. Münster: Edition ITP-Kompass.
235 Instruktiv auch: Ackermann, Philipp (2023): Der Tod Gottes und das nachidealistische Denken. Zu den Positionen von Alain Badiou und Johann Baptist Metz. Bielefeld: transcript.
236 Kohler, George Y. (Hrsg.) (2013): Der jüdische Messianismus im Zeitalter der Emanzipation. Reinterpretationen zwischen davidischem Königtum und endzeitlichem Sozialismus. Berlin: De Gruyter; Löwy, Michael (2021): Erlösung und Utopie. Jüdischer Messianismus und libertäres Denken Eine Wahlverwandtschaft. Hamburg: CEP Europäische Verlagsanstalt.
237 Gandler, Stefan (2008): Materialismus und Messianismus. Zu Walter Benjamins Thesen "Über den Begriff der Geschichte". Bielefeld: Aisthesis; Khatib, Sami R. (2014): "Teleologie ohne Endzweck". Walter Benjamins Ent-stellung des Messianischen. Marburg: Tectum Wissenschaftsverlag; Kuran, Daniel (2019): Geschichte zwischen Mythos und Messianischem. Walter Benjamins Jetztzeit und die Zeit der Toten als humane Zeit. Göttingen: V&R unipress.
238 Mendes-Flohr, Paul R. (1983): To Brush History against the Grain": The Eschatology of the Frankfurt School and Ernst Bloch. In: Journal of the American Academy of Religion 51 (4): S. 631-650.
239 Dazu demnächst mehr in Schulz-Nieswandt, Frank (2024): [Geplanter Titel]: Kritische Theorie der Entelechie der Person als Ästhetik der Form. Über die Wahrheit der Person, das Gute der Sozialpolitik und die Schönheit der Genossenschaft. Eine Trinitätslehre der humangerechten Kultur. Würzburg: Königshausen & Neumann (i. V.).
240 Christophersen, Alf (2008): Kairos. Protestantische Zeitdeutungskämpfe in der Weimarer Republik. Tübingen: Mohr Siebeck. Vgl. ferner: Moxter, Michael/Smith,

3. Zur Geometrie der Offenbarungstheologien

Ich öffne mich mit dieser Abhandlung mit Blick auf mein Gesamtwerk, das zum Ende der Abhandlung etwas deutlicher in den vorliegenden Essay einfließt, weil hier die Möglichkeit besteht, meine Kritische Theorie als eine Ästhetische Theorie[241] der wahren Form des Menschen im Mit-Sein mit seiner Kultur der Sozialwelt (und mit der Natur) zu versöhnen mit einer post-säkularen, aber eben auch post-theistischen Moderne. Diese Moderne ist auf der Grundlage eines eidgenössischen Bundes der heiligen Ordnung der Personalität eine deliberative Demokratie gegenseitiger Anerkennung[242] zu denken. Und dies wäre – auch ohne Kirche – als Zusammenspiel von Zivilgesellschaft[243] und sozialem Rechtsstaat zu denken, wobei es sich dennoch nicht um ein nach-metaphysisches Zeitalter[244] handelt, wodurch das Problem der Normativität angesichts der Faktizität, dass die jüngere Kritische Theorie[245] nicht lösen kann, doch wieder im Rahmen einer offenen Entelechie der Dialektik von Naturrecht und Geschichte als morphologische[246] Soziologie der Metamorphosen verstanden werden kann.[247]

Anna (Hrsg.) (2023): Theologie und Religionsphilosophie in der frühen Weimarer Republik. Tübingen: Mohr Siebeck. Vgl. auch Danz, Christian/Schüßler, Werner (Hrsg.) (2023): Paul Tillich in Dresden. Intellektuellen-Diskurse in der Weimarer Republik. Berlin: De Gruyter.

241 Schulz-Nieswandt, Frank (2024): [Geplanter Titel]: Kritische Theorie der Entelechie der Person als Ästhetik der Form. Über die Wahrheit der Person, das Gute der Sozialpolitik und die Schönheit der Genossenschaft. Eine Trinitätslehre der humangerechten Kultur. Würzburg: Königshausen & Neumann (i. V.).

242 Honneth, Axel (2018): Anerkennung. Eine europäische Ideengeschichte. 2. Aufl. Berlin: Suhrkamp.

243 Habermas, Jürgen (2022): Ein neuer Strukturwandel der Öffentlichkeit und die deliberative Politik. Berlin: Suhrkamp.

244 Habermas, Jürgen (2022): Auch eine Geschichte der Philosophie. Band 1: Die okzidentale Konstellation von Glauben und Wissen. Band 2: Vernünftige Freiheit. Spuren des Diskurses über Glauben und Wissen. Berlin: Suhrkamp.

245 Reckwitz, Andreas/Rosa, Hartmut (2021): Spätmoderne in der Krise. Was leistet die Gesellschaftstheorie? 2. Aufl. Berlin: Suhrkamp.

246 Müller Ralf u. a. (Hrsg.) (2022): Morphologie als Paradigma in den Wissenschaften. Stuttgart: frommann-holzboog.

247 Die Anleihen bei Goethe sollen nicht verschwiegen werden: Axer, Eva/Geulen, Eva/Heimes, Alexandra (2021): Aus dem Leben der Form. Studien zum Nachleben von Goethes Morphologie in der Theoriebildung des 20. Jahrhunderts. Göttingen: Wallstein; Hilgers, Klaudia (2002): Entelechie, Monade und Metamorphose. Formen der Vervollkommnung im Werk Goethes. München: Fink; Simonis, Annette (2001): Gestalttheorie von Goethe bis Benjamin. Diskursgeschichte einer deutschen Denkfigur. Köln u. a.: Böhlau sowie Breidbach, Olaf (2006): Goethes Metamorphosenlehre. München: Fink.

3.4 Post-theistische Wahrheit im post-säkularen Zeitalter

Ich bleibe damit im Rahmen einer post-säkularen, aber post-theistischen Offenheit für Religionsphilosophie[248], ohne dabei auf radikale Religionskritik[249] zu verzichten.[250] Daher vertrete ich auch einen radikalen Laizismus, und insofern hat das Kreuz[251] auch keinen Platz in der öffentlichen Bildung, was aber nicht bedeutet, dass die Menschen – als »Commoning« – nicht kollektiv lernen müssen, einen heiligen Bund als Eidgenossenschaft über die verbindliche Geltung der Wahrheit der objektiven Idee der Werte von 1789[252]

Solidarität → Gleichheit → Freiheit

zu schließen.[253]

Karl Jaspers[254] sagte einst: „Wahrheit ist, was uns verbindet."[255] Dies ist keine empirische Aussage, sondern eine Aussage über die Gestaltqualität einer Lebensform, die bei Karl Jaspers als »Kommunikationsgemeinschaft«[256] gedacht wurde. Damit war Karl Jaspers – ähnlich wie Paul Tillich

---

248 Seitschek, Hans Otto (2017): Religionsphilosophie als Perspektive. Eine neue Deutung von Wirklichkeit und Wahrheit. Wiesbaden: Springer VS.
249 Mynarek, Hubertus (1997): Das Gericht der Philosophen. Ernst Bloch - Erich Fromm - Karl Jaspers über Gott - Religion - Christentum – Kirche. Essen: Die Blaue Eule.
250 Kühnlein, Michael (Hrsg.) (2018): Religionsphilosophie und Religionskritik. Ein Handbuch. 2. Aufl. Berlin: Suhrkamp.
251 Böhr, Christoph (Hrsg.) (2016): Die Verfassung der Freiheit und das Sinnbild des Kreuzes. Das Symbol, seine Anthropologie und die Kultur des säkularen Staates. Wiesbaden: Springer VS.
252 Balibar, Étienne (2012): Gleichfreiheit. Politische Essays. Frankfurt am Main: Suhrkamp.
253 Jentsch, Sabine (2020): Chancengleichheit und Perfektionismus. Zur Unerlässlichkeit einer materialen Theorie des Guten im Bereich des Gerechten. Paderborn: mentis sowie Henning, Christoph (2015): Freiheit, Gleichheit, Entfaltung. Die politische Philosophie des Perfektionismus. Frankfurt am Main/New York: Campus. Ferner: Misik, Robert (2012): Halbe Freiheit. Warum Freiheit und Gleichheit zusammengehören. Frankfurt am Main: Suhrkamp. Ferner: Rendueles, César (2022): Gegen Chancengleichheit. Ein egalitaristisches Pamphlet. Berlin: Suhrkamp.
254 Salamun, Kurt (2019): Karl Jaspers. Arzt, Psychologe, Philosoph, politischer Denker. Stuttgart/Weimar: Metzler.
255 Schulz, Reinhard/Bonanni, Giandomenico/Bormuth, Matthias (Hrsg.) (2009): »Wahrheit ist, was uns verbindet«. Karl Jaspers' Kunst zu philosophieren. Göttingen: Wallstein.
256 Gerson, Brea (2004): Wahrheit in Kommunikation: Zum Ursprung der Existenzphilosophie bei Karl Jaspers. Würzburg: Ergon. Ferner: Kiel, Albrecht (2008): Die

3. Zur Geometrie der Offenbarungstheologien

– kein Philosoph der reinen Y-Achse des Absoluten, sondern thematisierte auch die horizontale Ebene der X-Achse die Dialogizität im Zwischenraum der Menschen.[257] Hier ist sicherlich seine psychiatrische Sicht auf den Menschen[258] in seiner »Existenz in Kommunikation«[259] prägend.[260] Anders – und hier ähnlich wie bei Paul Tillich – als in der streng post-metaphysischen Idee der deliberativen Diskurspraxis (als demiurgische Maschine der Generierung von konsensualer Geltung) bei Jürgen Habermas ist das Denken der Ethik (der Liebe) des Zwischenmenschlichen fundiert[261] in einer Metaphysik des transzendenten Absoluten[262], wozu aber auch erkannt werden muss, dass die Transzendenz dem Menschen jedoch nicht gegeben, sondern erst vom Menschen gesucht werden muss, was Jaspers als ein »Beschwören der Transzendenz« bezeichnet. Dazu müssen die Chiffren des Transzendenten jedoch auch »gelesen« werden, womit sich die hermeneutische[263] Dimension dieser philosophischen Glaubenslehre herauskristallisiert. Diese alles fügt sich bei Karl Jaspers zur Idee der Findung des »wahren« Lebens.

Diese Solidarität ist der Ertrag eines transzendentalen, weil generativen »Commonings« als kollektives Lernen. Die Freiheit »Aller« als Miteinanderfreiheit ist sodann das finale, aber nicht endgültig vollendete Commons, das auch gemeinsam im Miteinander verantwortet werden muss.

Ich würde daher auch nicht von einer verborgenen Theologie in der Säkularität[264] sprechen, sondern von der Verborgenheit des Heiligen in der

---

Sprachphilosophie von Karl Jaspers, Anthropologische Dimensionen der Kommunikation. Darmstadt: Wissenschaftliche Buchgesellschaft.

257 Vgl. auch mit Blick auf die Beziehung zu Martin Buber: Thomas, John Heywood (2022): Tillich and Buber. In: The Downside Review 140 (1): S. 27-32.
258 Eming, Knut/Fuchs, Thomas (2007): Karl Jaspers. Philosophie und Psychopathologie. Heidelberg: Winter.
259 Weidmann, Bernd (Hrsg.): Existenz in Kommunikation. Zur philosophischen Ethik von Karl Jaspers. Würzburg: Königshausen & Neumann.
260 Micali, Stefano/Fuchs, Thomas/Wandruszka, Boris (Hrsg.) (2013): Karl Jaspers - Phämomenologie und Psychopathologie. Freiburg i. Br./München: Alber.
261 Piecuch, Czeslawa (2019): Die existentielle Metaphysik von Karl Jaspers. Basel: Schwabe Verlagsgruppe AG Schwabe Verlag.
262 Dazu auch in Gruber, Franz (1993): Diskurs und Konsens im Prozess theologischer Wahrheit. Innsbruck: Tyrolia.
263 Dazu auch in Kreutzer, Karsten (2002): Transzendentales versus hermeneutisches Denken. Zur Genese des religionsphilosophischen Ansatzes bei Karl Rahner und seiner Rezeption durch Johann Baptist Metz. Regensburg: Pustet.
264 Hoye, William J. (2018): Die verborgene Theologie der Säkularität. Wiesbaden: Springer VS.

Rechtsphilosophie und Ethik einer post-säkularen Moderne. Es geht also nicht um das Ende der Moderne, sondern um eine Renaissance der großen Erzählung der Moderne nach dem Ende der Postmoderne[265] als Episode des relativistischen Nihilismus[266].

3.5 Wandlung zur Ganzheit

Ich öffne mich also nicht dem Durchschreiten des Tores im orientierenden Licht des Sterns der Erlösung als letzte Stufe des Selbst-Transzendierens. Diesen Sprung hat der (biographisch gesehen nicht unproblematische, erst nach 1945 zu humanistischen Positionen konvergierende) Karlfried Graf Dückheim, dem der Alltag als Ort der Übung zur Wandlung[267] – als Sprung (durch das »Tor zum Geheimen«[268]) zur »Ganzwerdung« – erscheint, so formuliert: „Eine wirkliche Veränderung findet immer dann statt, wenn das Individuum das Übernatürliche erfährt, was den Sinn des Lebens um 180 Grad verändert und die Achse von der Mitte der natürlichen menschlichen Existenz zu einem übernatürlichen Zentrum verschiebt."[269] Solche von Mystik[270] geprägten Beiträge zur mediativen Psychologie der Selbsttranszendenz gibt es viele.[271] Hier fehlt es – gleichwohl kennt und thematisiert Karlfried Graf Dürckheim[272] die Polarität von Ich und Seinsgrund – aber an der korrelativen Dialektik mit der Sinn-Funktion der Kultur als – intermediäre, zwischen dem Menschen und dem Unbedingten stehende

---

265 Böhr, Christoph (Hrsg.) (2017): Zum Grund des Seins. Metaphysik und Anthropologie nach dem Ende der Postmoderne – Rémi Brague zu Ehren. Wiesbaden: Springer VS.
266 Dazu explizit: Buhren, Frank (2022): Kritische Theorie und Postmoderne. Berlin: wvb Wissenschaftlicher Verlag Berlin.
267 Dürckheim, Karlfried Graf (1983): Der Alltag als Übung. Vom Weg zur Verwandlung. Bern: Huber.
268 Dürckheim, Karlfried Graf (1995): Das Tor zum Geheimen öffnen. Freiburg i. Br. u. a.: Herder.
269 Vgl. in Dürckheim, Karlfried Graf (1956): Erlebnis und Wandlung. Zürich: Max Niehans Verlag.
270 Dazu auch in Schulz-Nieswandt, Frank (2023): Aura des Augenblicks. Epiphanisches Erleben in Dorothy L. Sayers (1893-1957) Roman ‚Aufruhr in Oxford'. Würzburg: Königshausen & Neumann.
271 Vgl. auch Gagern, Friedrich E. Freiherr von (1991): Selbstbesinnung und Wandlung. Frankfurt am Main: Verlag Josef Knecht-Carolusdruckerei.
272 Dürckheim, Karlfried Graf (2003): Vom doppelten Ursprung des Menschen. Freiburg i. Br. u. a. Herder.

3. Zur Geometrie der Offenbarungstheologien

und dort vermittelnde – Ausdrucksgestalt des Unbedingten, auch dort, wo das Leben des Menschen vom Geist[273] durchdrungen sein soll.

> Die intermediäre Zentralität der Kultur:
> *Der bedingte Mensch als responsives Subjekt*
> ↓
> *Kultur als Vergesellschaftungskontext*
> *(Rechtsphilosophie → incl. juridische Substanz ←Ethik)*
> ↑
> *Sinn-Funktion*
> ↑
> *Das Unbedingte als Geist*

Ich bleibe noch im Raum der endlichen Vernunft[274] und beziehe die Wahrheit des Unbedingten nur als Idee ein. Ich bleibe also in einem Weltimmanenzraum[275] ohne die Transzendenz eines Gottes in anwesend-abwesender Art. Dies denke ich trotz meines ehrfürchtigen Staunens über die geniale Darlegung der letzten Stufe der Selbsttranszendenz im Werk von Edith Stein[276] als Weg fort von einer cartesianischen Phänomenologie hin zur Philosophie des Seins[277].

Es geht also nicht um eine neue Götterdämmerung[278], die auf neue Kirchentheologie einschließlich dem ganzen Apparat[279] der Ämter und Institutionen hinaus will.

---

273 Sertillanges, Antonin Dlmace (1951): Das Leben des Geistes. Sein Wesen, seine Bedingungen und Methoden. Mainz: Matthias-Grünewald-Verlag.
274 Schaeffler, Richard (2017): Unbedingte Wahrheit und endliche Vernunft. Möglichkeiten und Grenzen menschlicher Erkenntnis. Wiesbaden: Springer VS.
275 Instruktiv auch: Mierzwa, Roland (2020): Strukturelle Gewalt überwinden. Mit der Reich Gottes-Theologie auf dem Weg zu einer geschwisterlichen Gesellschaft. Marburg: Tectum Wissenschaftsverlag.
276 Stein, Edith (1950): Endliches und ewiges Sein. Freiburg i. Br.: Herder. Vgl. auch Gerl-Falkovitz, Hanna-Barbara (2022): Unerbittliches Licht. Versuche zur Philosophie und Mystik Edith Steins. 3., verbess. Aufl. Dresden: Verlag Text & Dialog.
277 Jani, Anna (2015): Edith Steins Denkweg von der Phänomenologie zur Seinsphilosophie. Würzburg: Königshausen & Neumann.
278 Krech, Volkhard (2003): Götterdämmerung. Auf der Suche nach Religion. Bielefeld: transcript.
279 Agamben, Giorgio (2010): Herrschaft und Herrlichkeit. Zur theologischen Genealogie von Ökonomie und Regierung. 4. Aufl. Frankfurt am Main: Suhrkamp.

3. Zur Geometrie der Offenbarungstheologien

Die Sittlichkeit der Vernunft wird dabei ermöglicht durch die Klammer der Moralität, die auf die notwendige *Paideia* verweist[280], die die transzendentale Voraussetzung für die Personalisierung des Menschen ist. Individualseele und Kollektivseele werden so verklammert oder eben ineinander gefaltet.

Auf eine die kulturelle Grammatik der Menschen fundierende, tiefenhermeneutische Psychodynamik[281] kann eine solche Kritische Theorie mit (und nicht ohne) Metaphysik nicht verzichten[282], weil es um Prozesse der Selbsttranszendenz des responsiven Subjekts geht.[283] Wir ordnen diese Perspektive ein in Rainer Maria Rilkes Denken des gelingenden[284] Wirklich-Werdens der wahren Form des Menschen im Modus wachsender Ringe.[285]

---

280 Vgl. dazu auch Hähnel, Martin (2015): Das Ethos der Ethik. Zur Anthropologie der Tugend. Wiesbaden: Springer VS.
281 Bettex, Matthias C. (2016): Entwicklungspsychologische Grammatik. Ettlingen: KomBi Verlag für Kompetenz und Bildung.
282 Avis, Paul D. L. (1982): In the Shadow of the Frankfurt School: From 'Critical Theory' to 'Critical Theology'. In: Scottish journal of theology 35 (6): S. 529-540.
283 Schulz-Nieswandt, Frank (2023): Onto-Poetik der responsiven Gabe. Eine Phänomenologie des Weges zum genossenschaftlichen Miteinander im Lichte der Dialektik von Identität und Alterität. Baden-Baden: Alber in Nomos.
284 Möbuß, Susanne (2023): Gelingendes Sein. Existenzphilosophie im 21. Jahrhundert. Basel: Schwabe Verlagsgruppe AG Schwabe Verlag.
285 Dazu auch in Schulz-Nieswandt, Frank/Köstler, Ursula/Mann, Kristian (2022): Gestaltwerdung als Gelingen der Daseinsführung im Lebenszyklus. Das Erkenntnisinteresse der Kritischen Wissenschaft von der »gerontologischen Sozialpolitik«. Baden-Baden: Nomos.

4. Der post-säkularen Moderne auf der Spur

Es geht nun zunächst darum, das Erkenntnisinteresse und die Methodologie des Bezugstextes verstehend zu verknüpfen.

Methodologisch scheint die ältere Tradition der Religionsphänomenologie (der Vielfalt der Formen religiöser Erfahrung[286]) doch noch nicht tot zu sein. Denn die Vielfalt des Religiösen verweist auf die Notwendigkeit, einen Wesenskern[287] zu destillieren, um dem herum dann die Variationen kreisen können. Damit sind wir längst eingetreten in eine Revision der modernisierungstheoretischen Zwangsvorstellung der Säkularisierung. Jenseits von der traditionellen Kirchenreligion[288] lassen sich differenzierte Formen von Frömmigkeiten beobachten. Der Mensch scheint im Kern seiner als *conditio humana* begriffenen ontologischen Verfassung ein *homo religiosus*[289] zu sein, allerdings dies immer nur in der Vielfalt sich wandelnder Formen.

4.1 Zauber und Polyphonie der Entzauberung

In meiner Studie zu Eva Jantzen[290] schreibe ich mit Bezug auf das Werk von Peter Strasser: Nicht das Wunder verflüchtigt sich, der Blick verliert das Wunder aus den Augen und deshalb bleibt das Staunen als responsive Ausdruckshaltung aus. In einem gewissen Sinne handelte Giorgio Agam-

---

286 Lerch, Magnus/Stoll, Christian (Hrsg.) (2023): Religiöse Erfahrung. Bestandsaufnahmen und Perspektiven zu einer strittigen Kategorie. Freiburg i. Br. u. a.: Herder.
287 Leidhold, Wolfgang (2008): Gottes Gegenwart. Zur Logik der religiösen Erfahrung. Darmstadt: WBG.
288 Fechtner, Kristian (2023): Mild religiös. Erkundungen spätmoderner Frömmigkeit. Stuttgart: Kohlhammer.
289 Assmann, Jan und Aleida/Strohm, Harald (Hrsg.) (2014): Homo religiosus. Vielfalt und Geschichte des religiösen Menschen. München: Fink.
290 Schulz-Nieswandt, Frank (2024): Das Griechenlandbild im Werk von Eva Jantzen. Zwischen arkadischer Sehnsucht und Modernisierungserfahrung. Würzburg: Königshausen & Neumann (i. D.).

4. Der post-säkularen Moderne auf der Spur

ben[291] über derartige »Profanierungen« als Verlust der Metaphysik des Heiligen[292], des Wunders und des Zaubers.[293]

Jin-Ho Suh[294] sortiert die eigene Studie im Vorwort ein in die polyphone Debatte um die Säkularisierung. Die Polyphonie (der „vielen Gesichter"[295] der Religion) besteht darin, dass die ältere Theorie die radikale Säkularisierung zum quasi zwangsläufigen Element des komplexen Geschehens der Modernisierung im Zeitalter des Rationalismus gezählt hat, heute an das Ende der Religion jedoch gezweifelt wird, neue Formen (des mitunter »neomythischen«[296]) Religiösen, mitunter das Heilige von jeglicher Kirchenverfassung trennend, ebenso beobachtbar sei wie ein naturphilosophischer Pantheismus[297], der wieder an Bedeutung gewinnt. Eine fruchtbare These ist die von der Genese eines (post-theistischen) Post-Säkularismus. Auf diese These baue ich nachfolgend in der vorliegenden Abhandlung auf.

---

291 Agamben, Giorgio (2005): Profanierungen. 4. Aufl. Frankfurt am Main: Suhrkamp. Das Werk insgesamt von Agamben ist mitunter hermetisch: Kirschner, Martin (Hrsg.) (2020): Subversiver Messianismus. Interdisziplinäre Agamben-Lektüren. Baden-Baden: Academia in Nomos sowie Kühn, Hendrik (2020): Theorie der Singularitäten. Eine Lektüre von Giorgio Agambens ›Die kommende Gemeinschaft‹. Weilerswist: Velbrück.

292 Strasser, Peter (2020): Kritik der Spiritualität. Warum uns die Welt nicht genug ist. Basel: Schwabe Verlagsgruppe AG Schwabe Verlag.

293 Mauz, Andreas/Weber, Ulrich (Hrsg.) (2016): »Wunderliche Theologie«. Konstellationen von Literatur und Religion im 20. Jahrhundert. Göttingen: Wallstein sowie Mauz, Andreas/Weber, Ulrich (Hrsg.) (2014): Verwunschene Orte. Raumfiktionen zwischen Paradies und Hölle. Göttingen: Wallstein.

294 Suh, Jin-Ho (2023): Der Verlust der religiösen Substanz. Paul Tillichs Begriff des Profanen. Leipzig: Evangelische Verlagsanstalt. Es handelt sich um die für die Drucklegung geringfügig geänderte Dissertation, die im SS 2021 von der Evangelisch-Theologischen Fakultät der Eberhard Karls Universität Tübingen angenommen wurde. Auf die dort verarbeitete Literatur gehe ist weitgehend nicht mehr ein, führe sie demnach auch hier nicht nochmals an.

295 Gabriel, Karl (2022): Die vielen Gesichter der Religion. Religionssoziologische Analysen jenseits der Säkularisierung. Frankfurt am Main/New York: Campus.

296 Die man allerdings nicht alle als disponierende Prä-Spuren dunkler Mächte bis hinein in den Nationalsozialismus betrachten muss: vgl. Hauser, Linus (2004/2009/2019): Kritik der neomythischen Vernunft. 3 Bde. Paderborn: Schöningh.

297 Vgl. auch in Schulz-Nieswandt, Frank (2021): Zur Göttlichkeit griechischer Landschaften. Würzburg: Königshausen & Neumann. Vor allem aber auch Nitsche, Bernhard (Hrsg.) (2023): Zwischen Theismus und Pantheismus. Historisch-systematische Skizzen zur Panentheismusfrage. Baden-Baden: Nomos; Piórczynski, József (2019): Der Pantheismusstreit. Spinozas Weg zur deutschen Philosophie und Kultur. Würzburg: Königshausen u. Neumann. Vgl. Reinhard, Horst (2023): Panentheismus und Religiosität. Würzburg: Königshausen & Neumann.

4. Der post-säkularen Moderne auf der Spur

Nicht behandelt werden die antimodernen Strömungen des politischen Religionsfundamentalismus[298], die die Moderne selbst hervorgebracht hat.[299]

4.2 Personale Würde und Zivilisationsmodell

Wichtig – und zum anti-modernen Fundamentalismus im Gegensatz stehend – ist es vielmehr, das Heilige auch im Umkreis der »Sakralität der Personalität des Menschen«[300] zu verstehen[301], wobei es um rechtsphilosophische und ethische Überlegungen im Rahmen moderner[302] Naturrechtslehre als Metaphysik[303] des überpositiven Rechts der personalen Würde[304] und um das daraus resultierende System der Grundrechte im sozialen Rechtsstaat, auch mit Blick auf zukünftige Generationen, geht.

Ich habe dies an anderer Stelle als erweitertes und komplexeres Zivilisationsmodell (die Idee der Menschenrechte als Univeralismus[305] verteidigend)

---

298 Meyer, Thomas (2011): Was ist Fundamentalismus? Eine Einführung. Wiesbaden: VS; Urban, Christoph (2019): Fundamentalismus. Ein Abgrenzungsbegriff in religionspolitischen Debatten. Wiesbaden: Springer VS.
299 Prutsch, Markus J. (2008): Fundamentalismus. Das "Projekt der Moderne" und die Politisierung des Religiösen. 2. Aufl. Wien: Passagen.
300 Joas, Hans (2015): Die Sakralität der Person. Eine neue Genealogie der Menschenrechte. 2. Aufl. Berlin: Suhrkamp; Schulz-Nieswandt, Frank (2017): Menschenwürde als heilige Ordnung. Eine dichte Re-Konstruktion der sozialen Exklusion im Lichte der Sakralität der personalen Würde. Bielefeld: transcript; Möbius, Malte (2020): Die heilige Ordnung der Menschenwürde. Die Sakralität der Person verstehen, begründen, problematisieren. Baden: Baden: Nomos.
301 Zur Kontroverse: Große Kracht, Hermann-Josef (Hrsg.) (2014): Der moderne Glaube an die Menschenwürde. Philosophie, Soziologie und Theologie im Gespräch mit Hans Joas. Bielefeld: transcript.
302 Bloch, Ernst (1983): Naturrecht und menschliche Würde. 4. Aufl. Frankfurt am Main: Suhrkamp.
303 Schulz-Nieswandt, Frank (2021): Meine Metaphysik-Kehre im Lichte der gemeinsamen Lehre mit Wolfgang Leidhold. In: Mandel, Claudius/Thimm, Philipp (Hrsg.): Experience - Implikationen für Mensch, Gesellschaft und Politik. Würzburg: Königshausen & Neumann: S. 199-217.
304 Schulz-Nieswandt, Frank (2021): Der apollinisch-dionysische Geist der Sozialpolitik und der Gemeinwirtschaft. Dialektische Poetik der Kultur zwischen Würde und Verletzbarkeit des Menschen. Baden-Baden: Nomos.
305 Hier folge ich Bielefeldt, Heiner (2009): Philosophie der Menschenrechte. Grundlagen eines weltweiten Freiheitsethos. Darmstadt: wbg Academic in Wissenschaftliche Buchgesellschaft (wbg). Trotz aller Selbstkritik ist hier ein Ethos des Menscheins

4. Der post-säkularen Moderne auf der Spur

in der Tradition von Dieter Senghaas[306] dargelegt[307], wobei das Prinzip der Heiligen Ordnung der Personalität die Idee der Würde als Kernidee aus dem überpositiven Recht der modernen Naturrechtslehre als »Anker« versteht. Später habe ich die Sicht entwickelt, dass über diese heilige Ordnung der Personalität ein eidgenössischer Bund gebildet werden muss.[308] Daraus resultiert das System der Grundrechte des modernen sozialen Rechtsstaates (des bundesdeutschen GG), verankert in den UN-Grundrechtskonventionen und in der Europäischen Grundrechte-Charta[309], die wiederum auch durch Bezugnahmen in EUV/AEUV verankert worden ist.

Auch das natürliche Recht der Natur auf ihren nachhaltigen Schutz aus respektvoller Achtung als Form der staunenden Ehrfurcht vor dem – unverfügbaren[310] – Leben ist ein Thema in diesem Umkreis der Wiederkehr ontologischen Denkens jenseits reiner Erfahrungswissenschaft des positivistischen Empirismus.[311]

4.3 Theologie der Kultur

Was trägt nun das Werk von Paul Tillich dazu bei, solche Wege[312] eines a-theistischen[313] Heiligen zu verfolgen? Damit wird das – allerdings explizit

---

      fundiert: Brandner, Rudolf (2022): Die Ideologie der Menschenrechte und das Ethos des Menschseins. Lüdinghausen: Manuscriptum Verlagsbuchhandlung.
306 Senghaas, Dieter (2004): Zum irdischen Frieden. Erkenntnisse und Vermutungen. 2. Aufl. Frankfurt am Main: Suhrkamp.
307 Vgl. u. a. in Schulz-Nieswandt, Frank (2021): Der apollinisch-dionysische Geist der Sozialpolitik und der Gemeinwirtschaft. Dialektische Poetik der Kultur zwischen Würde und Verletzbarkeit des Menschen. Baden-Baden: Nomos.
308 Schulz-Nieswandt, Frank (2022): Der heilige Bund der Freiheit: Frankfurt – Athen - Jerusalem: eine Reise. Baden-Baden: Alber in Nomos.
309 Schulz-Nieswandt, Frank (2016): Inclusion and Local Community Building in the Context of European Social Policy and International Human Social Right. Baden-Baden: Nomos.
310 Eichner, Sarah (2022): Ethos des Unverfügbaren. Zur Gestalt der Erde im Yijing (Buch der Wandlungen). Baden-Baden: Alber in Nomos.
311 Dazu auch Bogner, Daniel/Schüßler, Michael/Bauer, Christian (Hrsg.) (2021): Gott, Gaia und eine neue Gesellschaft. Theologie anders denken mit Bruno Latour. Bielefeld: transcript.
312 Bangert, Kurt (2022): Gott im liberalen Christentum: Vom gnädigen Gott der Reformation zum Posttheismus des 21. Jahrhunderts. Wiesbaden: Springer VS.
313 Maßgeblich: Bloch, Ernst (1985): Atheismus im Christentum. Zur Religion des Exodus und des Reichs. 5. Aufl. Frankfurt am Main: Suhrkamp. Ernst Bloch ist besonderer Denker des Humanen, und er erinnert uns mit aller bedeutungsvoller

theologische – Erkenntnisinteresse der Dissertation von Jin-Ho Sun bereits deutlich. Was hat Paul Tillich mit seinem Werk zum Thema der Figuration von Religion, Kirche, Profanität und Säkularisierung sowie für die theologische Theoriebildung (im Sinne der Systematischen Theologie) uns zu sagen? Die „Krise der Religion" im Lichte der Darlegung einer „Ambivalenz der Säkularisierung" skizziert Jin-Ho Suh in seiner Einleitung (S. 15 ff.). Einerseits sind die dort angeführten Positionen zur Säkularisierung[314] im Diskurs mehr als bekannt, und sie werden auch sehr schnell/knapp einer »Problematisierung« mit dem Ergebnis einer Zurückweisung erörtert. Die Passagen dienen der Begründung der Hinwendung zur „Theologie der Kultur"[315] von Paul Tillich (S. 26) bis hinein[316] in die Entwicklung seiner Systematischen Theologie[317].

Welchen Beitrag leistet Paul Tillich für die theologische (und wohl dann auch – in einem soziologischen Sinne [S. 28] – für die praktische) Bewältigung des Säkularisierungsphänomens? Die Antwortsuche sei im Lichte des Standes der Forschung noch ein Desiderat in der Paul Tillich-Forschung (S. 28). Die Kategorie der Säkularisierung steht bei ihm auch nicht im Vordergrund, wohl aber relevante andere Kategorien des Heiligen[318], des Dämonischen, des Profanen und der (existenziellen) Entfremdung[319], zu der (neben der Sinnleere, der Verzweiflung und der Einsamkeit) auch die

---

Dringlichkeit daran, dass das humanistische Denken ohne metaphysische Grundlage bodenlos – grundlos – bleibt: vgl. dazu Herrmann-Sinai, Susanne/Tegtmeyer, Henning (Hrsg.) (2012): Metaphysik der Hoffnung. Ernst Bloch als Denker des Humanen. Leipzig: Leipziger Universitäts-Verlag.

314 Frey, Christiane/Hebekus, Uwe/Martyn, David (Hrsg.) (2020): Säkularisierung. Grundlagentexte zur Theoriegeschichte. Berlin: Suhrkamp; Schmidt, Thomas/Pitschmann, Annette (Hrsg.) (2016): Religion und Säkularisierung. Ein interdisziplinäres Handbuch. Stuttgart/Weimar: Metzler.
315 Danz, Christian/Schüßler, Werner (Hrsg.) (2011): Paul Tillichs Theologie der Kultur. Aspekte – Probleme – Perspektiven. Berlin: De Gruyter.
316 Danz, Christian/Schüßler, Werner (Hrsg.) (2022): Paul Tillich in der Diskussion. Werkgeschichte – Kontexte – Anknüpfungspunkte. Berlin: De Gruyter.
317 Tillich, Paul (2017): Systematische Theologie I und II. 2. Aufl. Berlin: De Gruyter; Tillich, Paul (2017): Systematische Theologie III. 6. Aufl. Berlin: De Gruyter.
318 Klassisch ist der Beitrag von Rudolf Otto. Dazu auch in Lauster, Jörg u. a. (Hrsg.) (2013): Rudolf Otto. Theologie - Religionsphilosophie – Religionsgeschichte. Berlin: De Gruyter.
319 Vgl. insbesondere Murmann, Ulrike (2000): Freiheit und Entfremdung. Paul Tillichs Theorie der Sünde. Stuttgart u. a.: Kohlhammer. Sodann ferner Mugerauer, Roland (1996): Versöhnung als Überwindung der Entfremdung. Die Konzeption der Entfremdung und ihrer Überwindung bei Paul Tillich in der Auseinandersetzung mit anderen Konzeptionen. Marburg: Tectum. Vgl. auch aktualisierend:

4. Der post-säkularen Moderne auf der Spur

Angst[320] – auch der Schock (des Wissens um die) der Endlichkeit[321] – gehört.

Methodologisch gesehen geht Jin-Ho Suh weitgehend werkgeschichtlich (S. 30) vor, stellt also auf Wachstum und Entwicklung sowie Wandel ab. Säkularisierung – eigentumsrechtliche Perspektiven ausgrenzend – meint Verweltlichung und ist somit relationiert auf die Profanisierung, die bei Paul Tillich im unmittelbaren Vordergrund steht, um dergestalt das mittelbare (also eher noch verborgene) Verständnis von Säkularisierung zu destillieren (S. 31).

    Grau, Alexander (2022): Entfremdet. Zwischen Realitätsverlust und Identitätsfalle. Springe: zu Klampen Verlag.
320 Wirtz, Fernando (2022): Phänomenologie der Angst. Symbolik und Mythologie bei F.W.J. Schelling und F. Creuzer. Tübingen: Mohr Siebeck.
321 Atchadé, Richard (2023): Der Schock der Endlichkeit: Paul Tillich zum Verhältnis von Sein und Nichtsein. In: Geist & Leben 96 (2): S. 175-182.

5. Spuren zur Morphologie der Metamorphosen der Selbsttranszendenz

Es geht nun darum, anknüpfend an den Bezugstext, die Idee der Selbsttranszendenz (als Phänomen der Überschreitung[322]) im Rahmen eines Humanismus einer Weltimmanenz ohne Transzendenz in das vom Erkenntnisinteresse abhängige Zentrum der Abhandlung zu rücken.

5.1 Soziologie der Säkularisierung

In Kapitel 2 (S. 33 ff.) diskutiert Jin-Ho Suh mit Bezug auf die Beiträge von Max Weber und Charles Taylor die gegenwärtige Säkularisierungsdebatte. Mit seiner paradigmatischen Formel von der „Entzauberung" der modernen Welt wird Max Weber[323] zum dogmengeschichtlichen Bezugspunkt vieler aktueller Strömungen der Debatte. Damit bezieht Jin-Ho Suh auch andere bedeutsame aktuelle Positionen (von Hans Joas[324] u. a.[325]) ein.

---

322 Instruktiv auch Lehmann, Sandra (2011): Wirklichkeitsglaube und Überschreitung. Entwurf einer Metaphysik. Wien: Turia + Kant.
323 Schluchter, Wolfgang (2009): Die Entzauberung der Welt. Sechs Studien zu Max Weber. Tübingen: Mohr Siebeck.
324 Joas, Hans (2019): Die Macht des Heiligen. Eine Alternative zur Geschichte von der Entzauberung. 2. Aufl. Berlin: Suhrkamp. Dazu auch Schlette, Magnus u. a. (Hrsg.) (2022): Idealbildung, Sakralisierung, Religion. Beiträge zu Hans Joas' »Die Macht des Heiligen«. Frankfurt am Main/New York: Campus. Vgl. auch Schäfer, Heinrich Wilhelm (Hrsg.) (2012): Hans Joas in der Diskussion. Kreativität - Selbsttranszendenz – Gewalt. Frankfurt am Main/New York: Campus. Zum »Zauber« als Erlebniserfahrungsgeschehen in einem alltagsprofanen Verständnis von Freiheitsgaden im Schicksalszusammenhang vgl. auch in Schulz-Nieswandt, Frank (2021): Horst Wolfram Geißler (1893-1983). Hermeneutik der Daseinstiefe einer heiteren Literatur. Baden-Baden: Nomos. Aspekte auch in Schulz-Nieswandt, Frank (2024): Das Griechenlandbild im Werk von Eva Jantzen. Zwischen arkadischer Sehnsucht und Modernisierungserfahrung. Würzburg: Königshausen & Neumann (i. D.).
325 Pollack, Detlef/Rosta, Gergely (2022): Religion in der Moderne. Ein internationaler Vergleich. 2. Aufl. Frankfurt am Main/New York: Campus. Ferner auch Siegers, Pascal (2012): Alternative Spiritualitäten. Neue Formen des Glaubens in Europa: Eine empirische Analyse. Frankfurt am Main/New York: Campus.

5. Spuren zur Morphologie der Metamorphosen der Selbsttranszendenz

Die explizite Diskussion des komplexen, genealogisch angelegten und zugleich differenzierenden Beitrages von Charles Taylor[326] im Kontext seines Gesamtwerkes ist berechtigt, denn die Immanenzraum-Bezogenheit des Humanismus ohne Transzendenz lässt bei Charles Taylor infolge seiner (mitunter kommunitären[327]) Kritik des »pleonexianischen«[328] Individualismus[329] das Thema der Bedürftigkeit der Geborgenheit des Subjekts[330] (vertikal als kulturelle Einbettung durch normative Vergesellschaftung[331] einerseits und horizontal als soziale Verkettung[332] in Netzwerken[333] von sozialen Beziehungen[334] andererseits) deutlich werden.

5.2 Selbsttranszendenz im System konzentrischer Kreise

Genau dieses Potenzial bei Charles Taylor schöpft Jin-Ho Suh aber nicht aus, um anzuzeigen, wie und wo bei Charles Taylor eine Neubestimmung von Immanenz und Transzendenz zu bestimmen wäre, um sodann wiederum den Anschluss des Beitrages von Paul Tillich (S. 51) einzubringen. Denn die Bedürftigkeit der Geborgenheit, die man vor allem mit Bezug

---

326 Taylor, Charles (2012): Ein säkulares Zeitalter. 2. Aufl. Frankfurt am Main: Suhrkamp.
327 Reese-Schäfer, Walter (2019): Handbuch Kommunitarismus. Wiesbaden: Springer VS.
328 Taylor, Charles (1992): Negative Freiheit? Zur Kritik des neuzeitlichen Individualismus. 8. Aufl. Frankfurt am Main: Suhrkamp sowie Taylor, Charles (1996): Quellen des Selbst. Die Entstehung der neuzeitlichen Identität. 11. Aufl. Frankfurt am Main: Suhrkamp; Schulz-Nieswandt, Frank (2022): Gemeinwohl in einer Gesellschaft des privatbesitzrechtlichen Individualismus. Baden-Baden: Nomos.
329 Dazu ferner Danz, Christian/Murrmann-Kahl, Michael (Hrsg.) (2019): Verlust des Ichs in der Moderne? Erkundungen aus literaturwissenschaftlicher und theologischer Perspektive. Tübingen: Mohr Siebeck.
330 Bollnow, Otto Friedrich (1955): Neue Geborgenheit. Das Problem einer Überwindung des Existenzialismus. Stuttgart: Kohlhammer.
331 Gemeint ist das Theorem des »cultural embeddedness«.
332 Gemeint ist das Theorem des »social connectedness«.
333 Die in der aktuellen Soziologie sozialkapitaltheoretisch diskutiert werden. Vgl. dazu auch Meißelbach, Christoph (2019): Die Evolution der Kohäsion. Sozialkapital und die Natur des Menschen. Wiesbaden: Springer VS.
334 Heerdt, Christian/Schulz-Nieswandt, Frank (2022): Das Grundrecht auf Sozialraumbildung im Lichte des Menschenbildes der „sozialen Freiheit" des bundesdeutschen Grundgesetzes: Lehren aus der Corona-Krise. In: Sozialer Fortschritt 71 (10): S. 771–789.

5. Spuren zur Morphologie der Metamorphosen der Selbsttranszendenz

auf moderne psychodynamische Bindungsforschung[335] erläutern kann, und wobei man anknüpfen kann an die Bestimmungen der *conditio humana* in der Philosophischen[336] und daher auch in der Pädagogischen Anthropologie[337], verweist auf die Problematik der Selbsttranszendenz des modernen Subjekts in der Stufenabfolge von Oikos, Polis und Kosmos[338], die in der Re-Konstruktion von Jin-Ho Suh noch eine Rolle spielen wird.

Dem System der konzentrischen Kreise, der die triadische Kategorienordnung

Oikos – Polis – Kosmos

korrespondiert, wird als Stufenlehre der Liebe vom Eros[339] als kreative Kraft organisiert:

Libido → Philia → Agape.

Hier bietet die neuere responsive Phänomenologie[340] (etwa in der postcartesianischen[341] Gabe-Forschung[342]) viele Anknüpfungspunkte. Vielleicht darf man auch andeuten, dass hier erkannt werden könnte, und dies wird

---

335 Renggli, Franz (2020): Verlassenheit und Angst – Nähe und Geborgenheit. Eine Natur- und Kulturgeschichte der frühen Mutter-Kind-Beziehung. Gießen: Psychosozial-Verlag.
336 Fischer, Joachim (2022): Philosophische Anthropologie. Eine Denkrichtung des 20. Jahrhunderts. 2., durchges. Aufl. Baden-Baden: Alber in Nomos.
337 Wulf, Christoph/Zirfas, Jörg (Hrsg.) (2014): Handbuch Pädagogische Anthropologie. Wiesbaden: Springer VS.
338 Möbius, Malte (2023): Kosmisches Bewusstsein und politische Ordnung. Die bewusste Partizipation am Kosmos in den Werken von Brian Swimme im Lichte der Genealogie der Erfahrung. Baden-Baden: Nomos; Leidhold, Wolfgang (2023): The History of Experience – A Study in Experiential Turns and Cultural Dynamics from the Paleolithic to the Present Day. New York: Routledge, Taylor & Francis.
339 Schulz-Nieswandt, Frank (2024): Mythische Atmosphäre und kreativer Eros. Das Zusammenspiel in »Venus und der Antiquar« von Leo Weismantel". Würzburg: Königshausen & Neumann, Würzburg (i. E.).
340 Schulz-Nieswandt, Frank (2023): Onto-Poetik der responsiven Gabe. Baden-Baden: Alber in Nomos; Schulz-Nieswandt, Frank/Micken, Simon/Moldenhauer, Johannes (2022): Morphologie der Gabe. Fragmente einer hermeneutischen Gestaltlehre der Gabemechanismen. Berlin u. a.: LIT.
341 Schulz-Nieswandt, Frank (2023): Die Gabe als Idealtypus und ihre Erwiderungen: Mehr als Reziprozität. In: Hutter, Michael/Priddat, Birger P. (Hrsg.): Geben, Nehmen, Teilen. Gabenwirtschaft im Horizont der Digitalisierung. Frankfurt am Main/New York: Campus: S. 169-186.
342 Schulz-Nieswandt, Frank/Micken, Simon (2021): Die Gabe. Kulturgrammatischer Baustein und generative Form der genossenschaftsartigen Sozialgebilde. Berlin u. a.: LIT.

eventuell bedeutsam bei der Paul Tillich-Interpretation von Jin-Ho Suh sein können, wie als latente Thematik in der Tiefe des Problemfeldes die ältere kulturkritische Diagnose der ontologischen bzw. transzendentalen Obdachlosigkeit (in der Tradition bestimmter Strömungen des Marxismus, der älteren Kritischen Theorie[343], aber auch[344] eines linken Sozialkonservatismus[345]) von zentraler Bedeutung werden könnte.[346] Dabei wäre der systematische Stellenwert und Ort des utopischen Denkens[347] zu beleuchten.

---

343 Mittelmeier, Martin (2021): Freiheit und Finsternis. Wie die »Dialektik der Aufklärung« zum Jahrhundertbuch wurde. München: Siedler.
344 Vgl. ferner Holthusen, Hans Egon (1955): Der unbehauste Mensch. Motive und Probleme der modernen Literatur. 3., erw., neubearb. Aufl. München: Piper.
345 Schulz-Nieswandt, Frank (2018): Metaphysik der Sozialpolitik. Richard Seewald und der Renouveau catholique: Spurensuche auf dem Weg zum religiösen Sozialismus. Würzburg: Königshausen & Neumann. Vgl. auch in Exner, Andreas (2021): Ökonomien der Gabe. Frühsozialismus, Katholische Soziallehre, und Solidarisches Wirtschaften. Wien: Mandelbaum Verlag eG. Sehr interessant: Giefing, Josef (2022): Sozialismus und Apokalyptik. Die politische Theologie des »kleinen« Otto Bauer. Mandelbaum Verlag eG.
346 Schauer, Alexandra (2023): Mensch ohne Welt. Eine Soziologie spätmoderner Vergesellschaftung. 2. Aufl. Berlin: Suhrkamp.
347 Gerhards, Hans-Joachim (1973): Utopie als innergeschichtlicher Aspekt der Eschatologie. Die konkrete Utopie Ernst Blochs unter dem eschatologischen Vorbehalt der Theologie Paul Tillichs. Gütersloh: Gütersloher Verlagshaus.

6. Triadische Kategorien und die Grammatik einer transzendentalen Ontologie

Es sollen nun verschiedene Schritte (in den Unterkapiteln 6. 1 bis 6.5) der Rekonstruktion des Systemkerns im Werk von Paul Tillich in Auseinandersetzung mit dem Bezugstext gegangen werden.

6.1 Die Möglichkeit einer religiösen Substanz in der post-säkularen Moderne

In Kapitel 3 (S. 53 ff.) geht Jin-Ho Suh nun zur re-konstruktiven Explikation des Säkularisierungsbegriffs im Werk von Paul Tillich über. Entscheidend ist, und man kann hier die Interpretationen von Jin-Ho Suh im Zuge seiner werkgeschichtlichen Betrachtung Schritt für Schritt nachvollziehen (hier aber nicht im Detail diskutierend aufgreifen), die Trennung von Kultur und Religion dergestalt, dass – ich fasse dies in eigenen interpretativen Worten – zwar die (kirchliche) Religion im Niedergang ist, die religiöse Substanz als objektiver Geist, der sich quasi-pneumatisch in[348] die Subjekte einfaltet (»einschreibt« im Sinne der Psychoanalyse von Jaques Lacan[349], aber überhaupt erst ermöglicht wird, also als ontologisches Potenzial erhalten bleibt. Wenn man aus der Kraftquelle der Idee der Liebe (idL) heraus vor allem auf die soziale Gerechtigkeit als Kriterium des guten Gebrauchs demokratischer Macht abstellt, dann wird deutlich, wie sich diese religiöse Substanz (rS) als objektiver Geist (oG) in Form der juridischen Substanz

---

348 Buttiglione, Rocco (2019): Die Wahrheit im Menschen. Jenseits von Dogmatismus und Skeptizismus. Wiesbaden: Springer VS.
349 Roudinesco, Élisabeth (2011): Jacques Lacan. Bericht über ein Leben, Geschichte eines Denksystems. Wien/Berlin: Turia + Kant. Symboltheoretisch ist Lacan auch relevant in Bezug auf Paul Tillich: Müller, P. Wolfgang (1990): Das Symbol in der dogmatischen Theologie Eine symboltheologische Studie anhand der Theorien bei K. Rahner, P. Tillich, P. Ricoeur und J. Lacan. Frankfurt am Main: Lang. U. a. mit Blick auf die Rolle der Metapher ist auch das Verhältnis zu Paul Ricoeur, breit im Kontext theologischer Anthropologie rezipiert, erörtert worden. Vgl. auch Korsch, Dietrich (Hrsg.) (2016): Paul Ricoeur und die evangelische Theologie. Tübingen: Mohr Siebeck; Orth, Stefan/Reifenberg, Peter (Hrsg.) (2009): Poetik des Glaubens. Paul Ricoeur und die Theologie. Freiburg i. Br./München: Alber; Hoffmann, Veronika (2007): Vermittelte Offenbarung. Paul Ricoeurs Philosophie als Herausforderung der Theologie. Mainz: Matthias-Grünewald.

6. Triadische Kategorien und die Grammatik einer transzendentalen Ontologie

(jS) in der intermediären Kultur (iK) ablagert, um so dann die Begegnung (an der Schnittstelle ||) mit dem responsiven Menschen (rM) zu finden:

$$rM \rightarrow \; || \leftarrow iK \leftarrow jS = oG = rS \leftarrow IdL \leftrightarrow Kirche.$$

In dieser formalisierten Darlegung des Mechanismus der Geist-Beseelung zwischen Individualseele und Kulturseele wird auch deutlich, dass dieser Zusammenhnag gelöst bzw. strikt getrennt werden kann von der Kirche. Es geht also um eine kompliziertere Erzählung in Bezug auf Trennung, Differenzierung, Niedergang, Verlust und Aufstieg neuer Formen religiöser Substanz in der profanisierten Kultur.

Unter den Begriff der Generalisierung denkt Paul Tillich die Diffusion des Göttlichen in den Sphären[350] der Kultur – auch der Kunst[351] – der menschlichen Daseinsführung (S. 66 f.), dass später (S. 266 ff.) von Jin-Ho Suh in der Ambivalenz von Risiko und Potenzial nochmals aufgegriffen wird. Die eschatologische Dimension der »Übergeschichtlichkeit der geschichtlichen Zeitlichkeit« wird (S. 67 f.) in der »langen Dauer«[352] der Modernisierung zur Idee des Fortschritts[353] transformiert.

---

350 Zum Sphären-Verständnis instruktiv: Sloterdijk, Peter (2004): Sphären. 3 Bde., 6. Aufl. Frankfurt am Main: Suhrkamp.

351 Aspekte auch in Heimbrock, Hans-Günther (2014): Evangelische Theologie und urbane Kultur. Tillich-Lectures Frankfurt 2010–2013. Leizig: Evangelische Verlagsanstalt. Ferner Palmer, Michael (2017): Paul Tillich's Philosophy of Art. (Reprint von 1984): Berlin: De Gruyter. Wodurch sich die Kunstauffassung von Paul Tillich einreiht in eine Tradition der ontologischen Zugangsweise zur Kunst mit Blick auf die Möglichkeit von Gestaltwahrheit: Vgl. auch Heidegger, Martin (2010): Der Ursprung des Kunstwerks. Stuttgart: Reclam; Gadamer, Hans-Georg (2009): Die Aktualität des Schönen: Kunst als Spiel, Symbol und Fest. Stuttgart: Reclam; Weischedel, Wilhelm (1952): Die Tiefe im Antlitz der Welt. Entwurf einer Metaphysik der Kunst. Tübingen: Mohr Siebeck, Tübingen; Guardini, Romano (1962): Über das Wesen des Kunstwerks. 8. Aufl. Tübingen: Rainer Wunderlich Verlag Hermann Leins. Vgl. ferner ergänzend auch Deuser, Hermann (2015): Metamorphosen des Heiligen: Struktur und Dynamik von Sakralisierung am Beispiel der Kunstreligion, Tübingen: Mohr Siebeck.

352 Braudel, Fernand (1977): Geschichte und Sozialwissenschaften. Die longue durée. In: Bloch, Marc/Braudel, Fernand/Febvre, Lucien: Schrift und Materie der Geschichte. Vorschläge zu einer systematischen Aneignung historischer Prozesse. Frankfurt am Main: Suhrkamp: S. 47–85.

353 Schulz-Nieswandt, Frank (2024): „Das Leben ändern als ein Werden in wachsenden Ringen. Ein Essay zur Möglichkeit, über »Fortschritt« sinnvoll zu reden. Berlin Duncker & Humblot (i. D.) Zuvor schon Schulz-Nieswandt, Frank/Chardey, Benjamin/Möbius, Malte (2023): Zur Kritik der innovativen Vernunft. Der Mensch als Konjunktiv. Baden-Baden: Nomos.

6. Triadische Kategorien und die Grammatik einer transzendentalen Ontologie

Dies ist der Ausgangsbefund, damit Jin-Ho Suh im Kapitel 4 (S. 69 ff.) die Problematik des Profanen bei Paul Tillich im Spannungsfeld zwischen dem Bedingten und dem Unbedingten erörtern kann. Der bei ihm eingangs erwähnte Beitrag zur religionsphilosophischen[354] Idee einer Theologie der Kultur von Paul Tillich wird nun aufgegriffen (S. 71 ff.).

6.2 Geistfunktion der Kultur

Dabei ist von Bedeutung, welche wichtige theorie-systematische Position die Geistfunktion der Kultur bei Paul Tillich einnimmt. Hier ist jedoch kein Platz, die Re-Konstruktionen von Jin-Ho Suh theoriegeschichtlich in Bezug auf verschiedene figurative Modelle der Strukturschichtung des Menschen[355] mit Blick auf Seele und Körper oder[356] auf Geist, Seele und Körper im Kontext der kulturellen Vergesellschaftung[357] zu diskutieren. Die Geistfunktion der Kultur kann nämlich nun die Idee des Unbedingten[358] (Paul Tillich nutzt auch die Kategorien des Absoluten[359], sieht hier aber die Gefahr der Verdinglichung[360], die seine Gedankengänge erodieren würden)

---

354 Danz, Christian (Hrsg.) (2004): Theologie als Religionsphilosophie. Studien zu den problemgeschichtlichen und systematischen Voraussetzungen der Theologie Paul Tillichs. Münster u. a.: LIT.
355 Vgl. Rothacker, Erich (1948). Die Schichten der Persönlichkeit. Bonn: Bouvier. Zu Rothacker vgl. auch Stöwer, Ralph (2012): Erich Rothacker: sein Leben und seine Wissenschaft vom Menschen. Göttingen: V&R Unipress. Ferner Tremmel, Frank (2009): Menschheitswissenschaft als Erfahrung des Ortes – Erich Rothacker und die deutsche Kulturanthropologie. München: Utz.
356 Schweizer, Stefan (2008): Anthropologie der Romantik. Körper, Seele und Geist. Anthropologische Gottes-, Welt- und Menschenbilder der wissenschaftlichen Romantik. Paderborn: Schöningh.
357 Schulz-Nieswandt, Frank (2023): Der Mensch als geistiges Naturwesen bei Adolf Portmann (1897-1982). Reflexionsfragmente in Lichte eigener autobiographischer Perspektiven. Baden-Baden: Nomos.
358 Schüßler, Werner (2015): „Was uns unbedingt angeht". Studien zur Theologie und Philosophie Paul Tillichs. Münster u. a.: LIT.
359 Ringleben, Joachim (2003): Gott denken. Studien zur Theologie Paul Tillichs: Münster u. a.: LIT.
360 Breul, Martin (2022): Gottes Geschichte. Eine theologische Hermeneutik. Regensburg: Pustet. Dazu auch Gilich, Benedikt (2011): Die Verkörperung der Theologie. Gottesrede als Metaphorologie. Stuttgart: Kohlhammer. Ferner Kruck, Günter (2002): Das absolute Geheimnis vor der Wahrheitsfrage. Über den Sinn und die Bedeutung der Rede von Gott. Regensburg: Pustet.

bahnen (S. 77).³⁶¹ Dazu muss der Mensch aber mit seiner eigenen Struktur des individuellen Innenraums das Offene, von dem ich weiter oben gehandelt habe, gewährleisten.

Auch wenn Paul Tillich als Theologe letztendlich an einem eigenen „Stern der Erlösung"³⁶² dachte, so konkretisiert sich diese Idee doch sozialeschatologisch infolge seiner Theologie der Kultur in der Zeitlichkeit³⁶³ der Geschichte. Damit soll die Figur der Korrelation, die durchaus die Struktur einer asymmetrischen, aber nicht einfach nur vertikalen Reziprozität aufweist, nicht den Blick darauf verstellen, dass Paul Tillich durch seine existenziale Wende³⁶⁴ in der Systematischen Theologie eine Theologie „von unten" darstellt.

> Die Öffnung zur Ein-Faltung der Ideale:
> *Innenraum des (responsiven = offenen) Subjekts*
> ↓
> *»In-skript-ion«*
> ↑
> *Geist= Sinnfunktion*
> ↑
> *Kultur als symbolischer Raum*

Diese onto-anthropologische Wende lässt den Menschen existenziale Fragen infolge seiner metaphysischen Bedürftigkeit stellen. Die Geist-Funktion der Kultur gibt Antworten, mitunter geprägt vom Pneuma des Unbedingten, das auf eine befreiende politische Theologie hinausläuft.³⁶⁵ Nochmals: So kommt es zur Faltung von Individualseele und Kollektivseele der Kultur.

---

361 Ich werde also nicht Gott denken, sondern nur die Idee des Heiligen. Vgl. auch Böhr, Christoph/Gerl-Falkovitz, Hanna-Barbara (Hrsg.) (2019): Gott denken. Zur Philosophie von Religion. Wiesbaden: Springer VS.

362 Rosenzweig, Franz (1988): Der Stern der Erlösung. 11. Aufl. Frankfurt am Main: Suhrkamp. Vgl. auch Wiedebach, Hartwig (Hrsg.) (2013): Die Denkfigur des Systems im Ausgang von Franz Rosenzweigs "Stern der Erlösung". Berlin: Duncker & Humblot. Ferner: Wiedebach, Hartwig (Hrsg.) (2010): „Kreuz der Wirklichkeit" und "Stern der Erlösung". Die Glaubens-Metaphysik von Eugen Rosenstock-Huessy und Franz Rosenzweig. Freiburg i. Br.-München: Alber.

363 Dazu auch Dietz, Helmut (2020): Die Zeitlichkeit des Seins. Positionsbestimmungen der Dialogphilosophie. Freiburg i. Br./München: Alber.

364 Dazu auch anregend: Saal, Christina (2023): Der Mensch in Zeiten des Umbruchs. Paul Tillich und Rollo May im interdisziplinären Gespräch. Berlin: De Gruyter.

365 Vgl. auch Rosenstock-Huessy, Eugen (2020): Heilkraft und Wahrheit. Konkordanz der politischen und der kosmischen Zeit. (Reprint von 1952.) Berlin: De Gruyter.

6. Triadische Kategorien und die Grammatik einer transzendentalen Ontologie

Die *Paideuma*[366] wird über die *Paideia* als Formung der Person[367] vermittelt.

Damit geht es um die Auffassung des Göttlichen nicht als Sein, sondern als Sinn.[368] Später wird daher folgerichtig die Idee des Geistes symboltheoretisch[369] erörtert (S. 96 ff.).

Damit verlässt Paul Tillich traditionale Bahnen der Metaphysik[370], ohne aber jegliche und eben eine andersartige Ontologie[371] zu vermeiden, im Gegenteil: Er entfaltet eine transzendentale Strukturontologie, denn Paul Tillich – wenn man seine Beiträge zum religiösen Sozialismus[372] (S. 197) heranzieht, die aus der Religionsphilosophie[373] als Theologie der Kultur resultieren – nimmt (S. 257 f.) die Kraftquelle der Liebe[374], das Licht der so-

---

366 Frobenius, Leo (1921): Paideuma. Umrisse einer Kultur- und Seelenlehre. München: Beck.
367 Summa, Laura (2023): Paideia bei Aristoteles. Erziehung als Motivation zum Guten. Baden-Baden: Nomos.
368 Vgl. auch Dienstbeck, Stefan (2015): Von der Sinntheorie zur Ontologie. Zum Verständnis des Spätwerks Paul Tillichs. In: Neue Zeitschrift für Systematische Theologie und Religionsphilosophie 57: S. 32-59.
369 Luscher, Birgit (2008): Arbeit am Symbol. Bausteine zu einer Theorie religiöser Erkenntnis im Anschluss an Paul Tillich. Münster u. a.: LIT. Ferner Danz, Christian/ Schüßler, Werner/Sturm, Erdmann (Hrsg.) (2006): Das Symbol als Sprache der Religion. Internationales Jahrbuch für die Tillich-Forschung. Bd. 2. Münster u. a.: LIT. Sodann auch Mugerauer, Roland (2003): Symboltheorie und Religionskritik. Paul Tillich und die symbolische Rede von Gott aus theologischer, religionsphilosophischer und psychoanalytischer Perspektive, konkretisiert am Symbol „Vater" für Gott. Marburg: Tectum.
370 Schrenk, Markus (Hrsg.) (2017): Handbuch Metaphysik. Stuttgart/Weimar: Metzler.
371 Urbich, Jan/Zimmer, Jörg (Hrsg.) (2020): Handbuch Ontologie. Stuttgart/Weimar: Metzler.
372 Dazu vor allem auch Schulz-Nieswandt, Frank (2020): Siegfried Katterle (1933-2019). Sein Werk im Lichte der politischen Theologie von Paul Tillich. Berlin: Duncker & Humblot. All dies aber in Abgrenzung zu rechten Politischen Theologien: Hofheinz, Marco/Niether, Hendrik (Hrsg.) (2022): Glaubenskämpfe zwischen den Zeiten. Theologische, politische und ideengeschichtliche Konzepte in der Weimarer Republik. Stuttgart: Franz Steiner Verlag. Zur Kapitalismus-Kritik vgl. auch Casper, Matthias/Gabriel, Karl/Reuter, Hans-Richard (Hrsg.) (2016): Kapitalismuskritik im Christentum. Positionen und Diskurse in der Weimarer Republik und der frühen Bundesrepublik. Frankfurt am Main/New York: Campus.
373 Über die hier nicht allgemein und systematisch gehandelt werden soll: vgl. u. a. Gäb, Sebastian (2022): Religionsphilosophie. Baden-Baden: Nomos.
374 Dazu auch in Haigis, Peter/Nord, Ilona (Hrsg.) (2013): Tillich-Preview 2013. „Theologie der Liebe" im Anschluss an Paul Tillich. Münster u. a.: LIT.

6. Triadische Kategorien und die Grammatik einer transzendentalen Ontologie

zialen[375] Gerechtigkeit[376] und die Macht[377] der Demokratie als ontologische Kategorien einer Strukturanalyse auf, beseelt sie aber mit dem Sinn des Göttlichen.[378]

> Geschichtliche Wirklichkeit als Feld des Wirklich-Werdens der Wahrheit:
> *Kraft* → *Liebe*
> *Licht* → *Gerechtigkeit*
> *Macht* → *Demokratie*

Aus dem Exil[379] kommend war Paul Tillich ein relevanter Kopf für die Demokratisierung Deutschlands nach 1945.

6.2.1 Triadische Kategorienlehre

Die Beseelung des Bedingten durch die intentionale Kraft des Göttlichen als das Unbedingte als Sinn (als religiöse Substanz, womit wir auf den Titel der Arbeit von Jin-Jo Suh erstmals Bezug nehmen) handelt Jin-Ho Suh nun in den folgenden – immer werkgeschichtlich in ihrer Sequenz mit Blick auf mögliche Metamorphosen – Abschnitten ab, so über die Relation zweier Trias-Strukturen: über (1) die Form-Gehalt-Inhalt und über (2) Autonomie-Theonomie-Heteronomie (S. 79 ff.), aber so auch über die bipolare Dialektik von Grund und Abgrund (S. 83 ff.), die mich an die Lücke der on-

---

375 Zur Perspektive der Sozialpolitik: Schulz-Nieswandt, Frank/Köstler, Ursula/Mann (2021): Sozialpolitik und ihre Wissenschaft. Berlin u. a.: LIT sowie Schulz-Nieswandt, Frank/Köstler, Ursula/Mann Kristina (2021): Kommunale Pflegepolitik. Eine Vision. Stuttgart: Kohlhammer.
376 Danz, Christian/ Schüßler, Werner/ Sturm, Erdmann (Hrsg.) (2009): Religion und Politik. Internationales Jahrbuch für die Tillich-Forschung. Bd. 4. Münster u. a.: LIT. Darin mit meinem Beitrag: Schulz-Nieswandt, Frank (2009): Paul Tillichs Onto(theo)logie der Daseinsbewältigung und die Fundierung der Wissenschaft von der Sozialpolitik: S. 125-138.
377 Schüßler, Werner/ Sturm, Erdmann (Hrsg.) (2005): Macht und Gewalt. Annäherungen im Horizont des Denkens von Paul Tillich. Münster u. a.: LIT. Ferner: Atchadé, Boni Eriola Richard (2020): Philosophie der Macht. Paul Tillichs Verständnis der Macht im Kontext philosophischer Machttheorien im 20. Jahrhundert. Berlin: De Gruyter.
378 Tillich, Paul (1991): Liebe - Macht – Gerechtigkeit. Berlin: De Gruyter. Aber vgl. auch Guardini, Romano (1952): Die Macht. Versuch und Wegweisung. Würzburg: Werkbund-Verlag.
379 Danz, Christian/Schüßler, Werner (Hrsg.) (2017): Paul Tillich im Exil. Berlin: De Gruyter.

6. Triadische Kategorien und die Grammatik einer transzendentalen Ontologie

tologischen Obdachlosigkeit und an die Ankerfunktion[380] eines objektiven Geistes (s. o.) erinnert.

Das Verhältnis von Heiligem und Profanem, von Kirche und Kultur etc. werden erörtert, sodann die Dämonisierung[381] und die Grund-Offenbarung in der Differenz zur Heils-Offenbarung angesichts der Abgründigkeit[382] (S. 110 f.). Hier tauchen auch Bezüge zu Georg Lukács[383] und Ernst Bloch[384] auf (S. 196 f.).[385]

Das Feld der Anordnung der ontologischen Kategorien:

Form ← *(Faltung)* ← *Inhalt*

↑

Juridische Substanz

↑

Geist als Sinn = Kultur als objektiver Geist

↓

Theonome Substanz

↓

Heteronomie → *(Faltung)* ← *Autonomie*

Mit Blick auf die ganz neutrale Bedeutung des Dämonischen muss ich jedoch in Hinsicht auf Paul Tillich einwenden, dass mir hier wohl eine Verkürzung vorliegt. Blickt man in die Kulturgeschichte des Phänomens des

---

380 Dazu vor allem in Schulz-Nieswandt, Frank (2022). Der heilige Bund der Freiheit: Frankfurt – Athen - Jerusalem: eine Reise. Baden-Baden: Alber in Nomos.
381 Bei Jin-Ho Suh auch verarbeitet: Danz, Christian/Schüßler, Werner (Hrsg.) (2018): Das Dämonische. Kontextuelle Studien zu einer Schlüsselkategorie Paul Tillichs. Berlin: De Gruyter.
382 Jeffries, Stuart (2019): Grand Hotel Abgrund. Die Frankfurter Schule und ihre Zeit. Stuttgart: Klett-Cotta.
383 Dannemann, Rüdiger/Meyzaud, Maud/Weber, Philipp (Hrsg.) (2018): Hundert Jahre „transzendentale Obdachlosigkeit". Georg Lukács' „Theorie des Romans" neu gelesen. Bielefeld: Aisthesis.
384 Bloch, Ernst (1985): Geist der Utopie. 6. Aufl. Frankfurt am Main: Suhrkamp; Bloch, Ernst (1985): Das Prinzip Hoffnung. 12. Aufl. Frankfurt am Main: Suhrkamp. Vgl. auch Buhr, Manfred (1958): Der religiöse Ursprung und Charakter der Hoffnungsphilosophie Ernst Blochs. In: Deutsche Zeitschrift für Philosophie 6 (4): S. 576-598.
385 Asmar, Raymond u. a. (Hrsg.) (2019): Reformation und Revolution sind durchaus relevante Themen, um das Denken von Tillich mit Blick auf die Geschichte zu verstehen: Reformation und Revolution in der Wahrnehmung Paul Tillichs. Berlin: De Gruyter. Zum Vergleich: Bloch, Ernst (1985): Thomas Münzer als Theologe der Revolution. 2. Aufl. Frankfurt am Main: Suhrkamp.

6. Triadische Kategorien und die Grammatik einer transzendentalen Ontologie

Dämonischen, deren Literaturbestände Legende ist, so war diese Kategorie ursprünglich neutral: Es gab eben gute und böse Dämonen. Es war das Christentum, das hier angesichts (der schon jüdischen Tradition) des beanspruchten Monotheismus des »einen Gottes« alle Phänomene außerhalb dieses einen Gottes exkludierte im Modus negativer Prädikationen.

Der alltägliche Mensch ist jedoch noch wissend um die guten Geister, die uns antreiben, natürlich auch um die bösen Kobolde, die uns quälen: Welches Pferd hat Dich bei Deinem Fehlverhalten eigentlich geritten? Freud hat ja das »Ich« als Gleichgewichts-Manager (als Wagenlenker) vor dem Problem gestellt, dass der Mensch zweierlei Pferde mit divergenter Mentalität balancieren musste: Das wilde ES-Pferd der Ökonomik der Begierde[386] einerseits und das rationale ÜBER-ICH-Pferd andererseits.

6.2.2 Die transzendentale Bedingtheit der Ordnung der Autonomie im Lichte der »epistemische Differenz«

Das Triade

»Autonomie-Theonomie-Heteronomie«

wird man auch als ein interpenetratives Spannungsdreieck verstehen – übersetzen – können:

Mensch – Religion – Kultur.

Hier kann man Èmile Durkheim[387] folgen: Versteht man das Wesen der Religion (Theonomie), dann versteht man[388] auch die Gesellschaft als Spannungsfeld zwischen der Heteronomie der Kultur und der Autonomie des Individuums.

Im individualseelischen bzw. kollektivseelischen kognitiven Konstrukt des Ideals des Unbedingten ist die Quelle der normativen Regulierung verankert, die sich als religiöse Substanz der juridischen Substanz – für uns als die Sakralität der Person im Modus eines eidgenössischen Bundes

---

386 Govrin, Jule (2020): Begehren und Ökonomie. Eine sozialphilosophische Studie. Berlin: De Gruyter.
387 Durkheim, Emile (2007): Die elementaren Formen des religiösen Lebens. 6. Aufl. Berlin: Verlag der Weltreligionen.
388 Legendre, Pierre (2012): Das politische Begehren Gottes. Studie über die Montagen des Staates und des Rechts. Wien: Turia + Kant sowie ders. (2011): Gott im Spiegel. Untersuchung zur Institution der Bilder. Wien: Turia + Kant.

6. Triadische Kategorien und die Grammatik einer transzendentalen Ontologie

eines ansonsten laizistisch definierten sozialen Rechtsstaates – als objektiver Geist der Kultur zur Ausdrucksgestalt bringt.

Die gesellschaftlichen Ich-Ideale, wenn ich hier auf das Modell des psychischen Arbeitsapparates bei Sigmund Freud abstelle[389], ist die kulturelle Konkretisierung (Geist-Funktion) des Sinns, den das Unbedingte als religiöse Substanz stiftet[390]. Schon in der frühen Erörterung der Funktion der Intuition[391] wird bei Paul Tillich deutlich, welche Komplexität seine differenzierten Explikationen des Denk-, Wahrnehmungs- und Fühlungsapparates des bedingten Menschen gegenüber dem Unbedingten haben, die sodann weiterentwickelt werden mit Blick auf die Sinn-Funktion der Kultur, die wiederum zur Vermittlungssphäre des Unbedingten wird.[392]

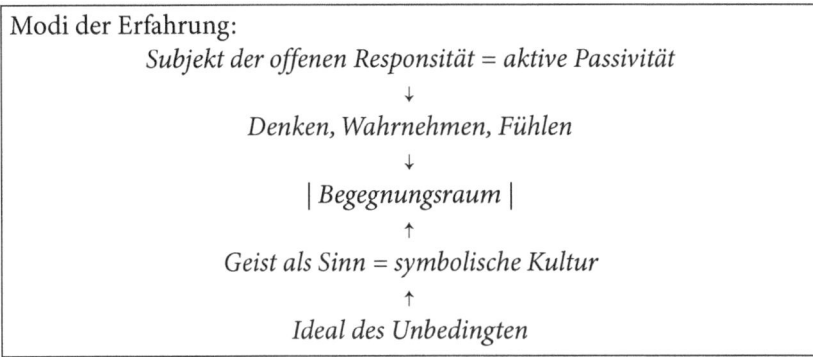

Dergestalt wird man die soziale Wirklichkeit – einschließlich des Kerns der Figuration von Staat, Recht und Individuum – in ihrer Gewebestruktur als Text[393] verstehen müssen. Eine post-säkulare Gesellschaft, die laizistisch[394] Staat und Religion trennt, trennt den Staat nicht vollumfänglich in der

---

389 Legendre, Pierre (2011): Die Kinder des Textes. Über die Elternfunktion des Staates, Wien: Turia + Kant
390 Legendre, Pierre (2016): Die Liebe des Zensors. Versuch über die dogmatische Ordnung. Wien: Turia + Kant.
391 Neugebauer, Matthias (2022): Zum Intuitionsbegriff bei Paul Tillich. In: Hermeneutische Blätter: S. 17-29.
392 Dazu auch Wahl, Heribert (2023): Paul Tillich und die Psychoanalyse Sigmund Freuds. In: Wege zum Menschen 75 (2): S. 109-120.
393 Legendre, Pierre (2012): Über die Gesellschaft als Text. Grundzüge einer dogmatischen Anthropologie. Wien: Turia + Kant.
394 Fourest, Caroline (2022): Lob des Laizismus. Berlin: Edition TIAMAT.

6. Triadische Kategorien und die Grammatik einer transzendentalen Ontologie

Tiefe vom Heiligen ab: Das Durkheim-Theorem[395] der non-kontraktuellen Voraussetzungen des Kontrakts ist analog zum Böckenförde-Diktum[396] zu verstehen, wonach der (soziale) Rechtsstaat seine normativen Funktionsvoraussetzungen nicht aus sich selbst heraus stiften kann, sondern auf die Sittlichkeit der Mitglieder der Zivilgesellschaft angewiesen ist.[397]

Von Sittlichkeit der post-säkularen Zivilgesellschaft (in ihrer Weltlichkeit[398]) spreche ich deshalb, weil die von Paul Tillich als Klammer angeführte Moralität der Individuen in einem kollektiv geteilten heiligen eidgenössischen Bund[399] als ein Glauben[400] – definiert als eine elementare imaginativ-affektiv-kognitive Mischfunktion[401] der menschlichen Psyche[402] – verankert sein muss.[403] Wir müssen mit unserer Phantasie, die sich zum tiefengrammatischen Glauben habitualisiert, das Unbedingte als ein »als-ob«[404] imaginieren, wobei die Imagination aber subjekttheoretisch im Sinne der korrelativen Dialektik als aktive Passivität – immer auf die

---

395 Durkheim, Èmile (1977): Über die Teilung der sozialen Arbeit. Frankfurt am Main: Suhrkamp.
396 Böckenförde, Ernst-Wolfgang (1976): Die Entstehung des Staates als Vorgang der Säkularisation In ders.: Staat, Gesellschaft, Freiheit. Studien zur Staatstheorie und zum Verfassungsrecht. Frankfurt am Main: Suhrkamp: S. 41–64.
397 Schulz-Nieswandt, Frank (2017): Menschenwürde als heilige Ordnung. Eine dichte Re-Konstruktion der sozialen Exklusion im Lichte der Sakralität der personalen Würde. Bielefeld: transcript.
398 Zawisza, Rafael/Hagedorn, Ludger (Hrsg.) (2021): »Faith in the World«. Post-Secular Readings of Hannah Arendt. Frankfurt am Main/New York: Campus.
399 Schulz-Nieswandt, Frank (2022): Der heilige Bund der Freiheit: Frankfurt – Athen - Jerusalem: eine Reise. Baden-Baden: Alber in Nomos.
400 Ferner auch: Sass, Hartmut von (2022): Atheistisch glauben. Ein theologischer Essay. Berlin: Matthes & Seitz.
401 Unrau, Christine (2018): Erfahrung und Engagement. Motive, Formen und Ziele der Globalisierungskritik. Bielefeld: transcript. Vgl. ferner Brock, Antje (2022): Materialität menschlicher Freiheiten. Gerechtigkeit als Bildungsauftrag: Relationen zwischen Umwelt und Sozialem gestalten. Wiesbaden: Springer VS.
402 Mönter, Norbert (2022): Religiöser Glaube und Spiritualität. Wandel und Vielfalt aus psychiatrischer und psychotherapeutischer Sicht. Stuttgart: Kohlhammer.
403 Britton, Ronald (2001): Glaube, Phantasie und psychische Realität. Psychosomatische Erkundungen. Stuttgart: Klett-Cotta.
404 Kobow, Beatrice (2019): Der Sprung in die Sprache oder Denken-als-ob. Paderborn: mentis.

6. Triadische Kategorien und die Grammatik einer transzendentalen Ontologie

Vorgängigkeit der Welt als ein Gegeben-sein bezogen[405] – erfasst werden muss[406].

Diese post-säkulare, aber eben auch post-theistische, somit a-theistische Idee der Heiligkeit der Personalität und ihrer Verankerung in einem eidgenössischen Bund berücksichtigt Horst Dreier[407] nicht, wenn er ansonsten zu Recht die strikte Trennung des Verfassungsstaates von jeglicher Religion fordert, damit die Vielfalt des Religiösen sich als Freiheit im Pluralismus[408] des Privatraumes entfalten kann. Er diskutiert daher die säkulare Moderne, jedoch nicht eine post-säkulare Moderne.[409]

Die Notwendigkeit dieses eidgenössischen Glaubens, der aus einem sozialen Lernen resultieren muss, verweist, nun mehr nicht überraschend, auch auf die auf religionspädagogische[410] Erziehung abstellenden[411] bildungswissenschaftlichen[412] Perspektiven im Werk von Paul Tillich.[413]

Die Sittlichkeit des Staates der Hegelschen Rechtsphilosophie[414] hat damit eine transzendentale Voraussetzung in einer vorgängigen Versittlichung

---

405 Searles, Harold F. (2016): Die Welt der Dinge. Die Bedeutung der nichtmenschlichen Umwelt für die seelische Entwicklung. Gießen: Psychosozial-Verlag.
406 Dorst, Brigitte/Vogel, Ralf T. (Hrsg.) (2014): Aktive Imagination. Schöpferisch leben aus inneren Bildern. Stuttgart: Kohlhammer.
407 Dreier, Horst (2018): Staat ohne Gott. Religion in der säkularen Moderne. 2., durchges. Aufl. München: Beck.
408 Berger, Peter L. (2015): Altäre der Moderne. Religion in pluralistischen Gesellschaften. Frankfurt am Main/New York: Campus.
409 Dazu auch Kühnlein, Michael (Hrsg.) (2021): Gottloser Staat? Im interdisziplinären Gespräch mit Horst Dreier. Baden-Baden: Nomos.
410 Kubik, Johannes (2011): Paul Tillich und die Religionspädagogik. Religion, Korrelation, Symbol und Protestantisches Prinzip. Göttingen: V&R unipress; Scheiwiller, Thomas/Weiß, Thomas (Hrsg.) (2017): Paul Tillich und religiöse Bildungsprozesse. Religionspädagogische – systematisch-theologische – interdisziplinäre Perspektiven. Münster u. a.: Waxmann. Zum pädagogischen Werk von Carl Mennicke im Tillich-Kreis vgl. auch Böhnisch, Lothar (2022): Sozialpädagogik der Verantwortung. Auf Carl Mennickes Werk aufgebaut. Weinheim: Juventa in Beltz.
411 Dilger, Irene (2018): Der Glaube und die Erziehung bei Paul Tillich. Frankfurt am Main: Haag + Herchen
412 Zum Bildungsproblem im Werk der klassischen Kritischen Theorie: Lensch, Tobias (2022): Bildungsphilosophie und Kritische Theorie. Die Frankfurter Schule und der Begriff der Bildung. Baden-Baden: Academia in Nomos.
413 Vgl. auch Schwartz, Detlef (2021): Theologie in schwierigen Zeiten. Befreiungstheologie als Ausgangspunkt einer Kultur der Verantwortung in Gemeinde und Pädagogik. Berlin: wvb Wissenschaftlicher Verlag Berlin.
414 Hegel, Georg Wilhelm Friedrich (1986): Grundlinien der Philosophie des Rechts oder Naturrecht und Staatswissenschaft im Grundrisse. Mit Hegels eigenhändigen Notizen und den mündlichen Zusätzen. 17. Aufl. Frankfurt am Main: Suhrkamp.

6. Triadische Kategorien und die Grammatik einer transzendentalen Ontologie

der Figuration der Gesellschaftsmitglieder[415], die bei Paul Tillich als Geist-Funktion der Kultur aus der pneumatischen[416] Kraftquelle des Unbedingten im Rahmen einer „Theologie der Kultur" mit Blick auf die soziale Ordnung der Autonomie der Menschen gedacht ist. Dies bedeutet: Freiheit muss geordnet werden. Dies wäre optimal in der genossenschaftlichen Form. Und wieder meint Optimalität keine Sozialtechnologie managerialer Sozialingenieure, sondern die Orientierung an der Humangerechtigkeit als positive Selektionsarbeit aus dem Möglichkeitsraum der *conditio humana*. Hierbei knüpft sich jedoch die demokratische Macht (1) an das Kriterium der sozialen Gerechtigkeit und (2), nun nochmals, weil ontologisch tiefer, an die Kraftquelle der Liebe.[417]

Die Geschichte als Zeitlichkeit dieser Prozessdynamik wäre als messianisch aufgeladene Sozialeschatologie zu verstehen, womit ich Paul Tillich in die Nähe einer Theologie der Hoffnung auf Befreiung[418] rücke.[419] Damit wär auch der existenziale Schrei des vulnerablen, aber von der Natur der personalen Würde[420] geprägten Menschen besser zu verstehen.[421] Denn die pneumatische Geist-Funktion der Kultur im Lichte der im Rahmen der Theologie der Kultur gedachten Sinn-Gebung des Unbedingten bedarf einer stofflich spezifischen *Paideia*. Der Stoff ist die kollektivseelische *Paideuma*: die Kulturseele. In einer auf den Post-Strukturalismus von Michel Foucault[422] abstellenden Idee der Subjektivierungsformen mittels gouver-

---

415 Elias, Norbert (1991): Die Gesellschaft der Individuen. 10. Aufl. Frankfurt am Main: Suhrkamp.
416 Chan, Keith Ka-fu (2018): Life as Spirit. A Study of Paul Tillich's Ecological Pneumatology. Berlin: De Gruyter.
417 Tillich, Paul (1991): Liebe - Macht – Gerechtigkeit. Berlin: De Gruyter.
418 Manemann, Jürgen (2021): Revolutionäres Christentum. Ein Plädoyer. Berlin: transcript.
419 Vgl. auch Layer, Simon (2019): Präsenz der Vollendung. Zur transzendentalen Bedeutung eschatologischer Hoffnung bei Moltmann und Adorno. Göttingen: V&R unipress; Münch, Miriam (2020): Dialektik der Negativität – Dialektik der Hoffnung. Johann B. Metz und Theodor W. Adorno im Gespräch über ein geschichtssensibles Subjektverständnis. Freiburg i. Br. u. a.: Herder.
420 Schweidler, Walter (2012): Über Menschenwürde. Der Ursprung der Person und die Kultur des Lebens. Wiesbaden: VS.
421 Mickovic, Ján Branislav (2014): Den Widerspruch denken. Das Leidensverständnis in den Theologien von Dorothee Sölle und Johann Baptist Metz. Freiburg i. Br. u. a.: Herder.
422 Kammler, Clemens/Parr, Rolf/Schneider, Ulrich Johannes (Hrsg.) (2020): Foucault-Handbuch. Leben – Werk – Wirkung. 2., aktual. u. erw. Aufl. Stuttgart/Weimar: Metzler.

6. Triadische Kategorien und die Grammatik einer transzendentalen Ontologie

nementaler Dispositive, die man im epistemologischen Rahmen eines rekonstruktiven Realismus[423] analysieren kann, geht es also um den Stoff, der hier den Subjekten »in-skript-iert« wird.[424] Denkt man das Subjekt post-souverän[425], ist es notwendig, die methodologische De-Zentrierung ontologisch zu denken und die historistische Kritik des Subjekts zwischen Disziplinierung einerseits und Befreiung als Hoffnung auf ein prekäres Glück nach der Überwindung des unwahren Lebens andererseits zu denken. Dies ist die modallogische Polaritätsstruktur der Weichenstellung, die die *conditio humana* zur Verfügung stellt. Die Theorie des Subjekts[426] ist, in diesem Lichte betrachtet, längst noch nicht hinreichend geklärt.

Die Spezifität der *Paideia* der Theologie der Kultur bei Paul Tillich verweist uns somit – wenn man den Post-Strukturalismus nicht zwingend als radikalen Postmodernismus nach dem Ende des Humanismus als große Erzählung auslegen will – auf eine »epistemische Differenz«, die in Analogie zur ontologischen Differenz von Sein und Seiendem und in Analogie zur politischen Differenz des Politischen und der Politik auf die Differenz zwischen ontologischer und geschichtlicher *Paideia* hinweist. Das behandle ich[427] an anderer Stelle. Paul Tillich konkretisiert geschichtlich das ontologische Prinzip der gouvernementalen Subjektivierung durch die Geist-Funktion der Dispositive der Kultur hier im Lichte der Idee des religiösen Sozialismus.

---

423 Schulz-Nieswandt, Frank/Bruns, Anne/Köstler, Ursula/Mann, Kristina (2022): Was ist »struk-jektive Hermeneutik«? Objektive Hermeneutik, Dokumentarische Methode der praxeologischen Wissenssoziologie und post-strukturale Kritische Theorie. Baden-Baden: Nomos sowie Schulz-Nieswandt, Frank (2021): Rekonstruktive Sozialforschung als strukturale Hermeneutik. Eine dichte Grundlegung. Baden-Baden: Nomos.
424 Schulz, Peter (2023): Das widersprüchliche Selbst. Eine kritische Theorie kapitalistischer Subjektivation. Wien: Mandelbaum Verlag eG.
425 Klocke, Janos (2022): Grenzen des Subjekts. Postsouveräne Handlungsfähigkeit nach Foucault und Adorno. Frankfurt am Main/New York: Campus.
426 Beer, Raphael (2022): Die Wissenschaft des Subjekts. Wiesbaden: Springer VS.
427 Schulz-Nieswandt Frank (2024): Die epistemische Differenz. Quo vadis: Eule der Minerva? Baden-Baden: Nomos (i. V.).

6. Triadische Kategorien und die Grammatik einer transzendentalen Ontologie

Man sieht, dass der Post-Strukturalismus der gouvernementalen Dispositivordnungen der habitualisierenden[428] Sozialisation[429] der de-zentrierten Menschen, wenn man ihn sich über die Erkenntnis der »epistemisches Differenz« zwischen ontologischer und historischer Vergesellschaftung erschließt[430], nicht zu Ende gedacht ist, wenn das ganze intellektuelle Projekt post-modern ohne große Erzählung auskommen will, und wenn er kein Verständnis der Differenz wahrer und unwahrer Lebensformen im Lichte der Wahrheit eines personalisierenden Idee des sich einschreibenden Geistes hat. Der Post-Strukturalismus verflacht wie die jüngere Generation der Schule der Kritischen Theorie bei Jürgen Habermas und Axel Honneth – einen Blick auf jüngsten Generationen hier ausklammernd – zur kommunikativen bzw. diskursiven Verständigungstheorie der ausdifferenzierten Interessensgesellschaft und der identitären Diversitätsgesellschaft[431] ohne metaphysischen »Anker«.

6.2.3 Sozialkonservative Zugänge

Da haben sozialkonservative[432] Theorien in ihren metaphysischen Entwürfen zur Grammatik[433] der Gesellschaft[434] und Gemeinschaft[435] den Vorteil,

---

428 Krais, Beate/Gebauer, Gunter (2017): Habitus. 7. Aufl. Bielefeld: transcript. Vgl. auch in Schulz-Nieswandt, Frank/Bruns, Anne/Köstler, Ursula/Mann, Kristina (2022): Was ist »struk-jektive Hermeneutik«? Objektive Hermeneutik, Dokumentarische Methode der praxeologischen Wissenssoziologie und post-strukturale Kritische Theorie. Baden-Baden: Nomos sowie Schulz-Nieswandt, Frank (2021): Rekonstruktive Sozialforschung als strukturale Hermeneutik. Eine dichte Grundlegung. Baden-Baden: Nomos.
429 Hurrelmann, Klaus u. a. (Hrsg.) (2015): Handbuch Sozialisationsforschung. 8. Aufl. Weinheim: Beltz.
430 Was ausgeblendet wird bei Pirari, Giovanni (2012): Kritik und Selbstsubjektivierung. Kritik, Subjekt und Perspektive der Selbstbestimmung in Foucaults Spätwerk. Berlin: Logos.
431 Vgl. dazu auch Llanque, Marcus/Sarkowsky, Katja (2023): Der Antigonistische Konflikt. ›Antigone‹ heute und das demokratische Selbstverständnis. Berlin: transcript.
432 Schulz-Nieswandt, Frank (2018): Metaphysik der Sozialpolitik. Richard Seewald und der Renouveau catholique: Spurensuche auf dem Weg zum religiösen Sozialismus. Würzburg: Königshausen & Neumann.
433 Pieper, Josef (1933): Grundformen sozialer Spielregeln. Freiburg i. Br.: Herder.
434 Hengstenberg, Hans-Eduard (1949): Grundlegungen zu einer Metaphysik der Gesellschaft. Nürnberg: Glock und Lutz.
435 Hildebrand, Dietrich von (1955): Metaphysik der Gemeinschaft. Regensburg: Josef Habbel Verlag.

6. Triadische Kategorien und die Grammatik einer transzendentalen Ontologie

sich einer notwendigen Idee eines kollektiv geteilten – personalisierenden – Geistes zu öffnen. Die Öffnung hin zum ontologischen Grund des Subjekts, dessen erkennender Geist »Gefäß und Heimat der Wahrheit« ist, hat Theodor Haecker[436] in seiner Anthropologie entfaltet.[437]

Man kann nun – wie üblich – nach der Letztrechtfertigungsmöglichkeit des wahren Geistes (mit Blick auf ein »Neues Sein«[438]) fragen, doch steht dieser Geist bereits in der überpositiven Grundierung der positiven Gesetzen des individualisierten Völkerrechts der UN-Grundrechtskonventionen, in der Euopäischen Grundrechtscharta, in dem Ewigkeitsartikel[439] Art. 1 GG (und dem Sittengesetz in Art. 2 GG) mit Blick auf den Ewigkeitsartikel Art. 20 GG usw.[440] Das ist die mehrfach schon zitierte juridische Substanz dieser Theologie der Kultur, auch wenn ich sie a-theistisch, aber eben auch post-säkular lese.

Man kann sodann nach der Machbarkeit der Vision in der Moderne fragen. Aber man kann ja ferner nach der Möglichkeit infolge der onto-anthropologischen Charakterisierung des Menschen als „Naturwesen mit Geist"[441] fragen. Es geht also um die Frage der Sinnbildung in der

---

436 Haecker, Theodor (1937.): Der Geist des Menschen und die Wahrheit. Leipzig: Verlag Jakob Hegner. vgl. auch Haecker, Theodor (1946): Christentum und Kultur. 2. Aufl. München-Kempten: Verlag Josef Kosel.
437 Man mag die Metaphysik dieser ontologischen Überwindung der transzendentalen Obdachlosigkeit des modernen Menschen als Variation der prozessdynamischen ontologischen Philosophie von Pierre Teilhard de Chardin verstehen können. Die klassische Kritische Theorie kam ja auch nicht ohne Geschichtsphilosophie ihrer modallogischen negativen Dialektik aus. Dazu aber in Schulz-Nieswandt, Frank (2024): „Das Leben ändern als ein Werden in wachsenden Ringen. Ein Essay zur Möglichkeit, über »Fortschritt« sinnvoll zu reden. Berlin Duncker & Humblot (i. D.).
438 Tillich, Paul (2018): Rechtfertigung und Neues Sein. Leipzig: Evangelische Verlagsanstalt.
439 Janssen, Albert (2020): Der Staat als Garant der Menschenwürde. Zur verfassungsrechtlichen Bedeutung des Artikels 79 Abs. 3 GG für die Identität des Grundgesetzes. 2., überarb. Aufl. Göttingen: V&R unipress.
440 Zuvor auch Schulz-Nieswandt, Frank (2017): Personalität, Wahrheit, Daseinsvorsorge. Spuren eigentlicher Wirklichkeit des Seins. Würzburg: Königshausen & Neumann.
441 Schulz-Nieswandt, Frank (2023): Der Mensch als geistiges Naturwesen bei Adolf Portmann (1897-1982). Reflexionsfragmente in Lichte eigener autobiographischer Perspektiven. Baden-Baden: Nomos.

6. Triadische Kategorien und die Grammatik einer transzendentalen Ontologie

Moderne[442], aber verbunden mit Fragen der universalen Verbindlichkeit, wenn ein gelingendes Miteinander ohne negative Externalitäten, auch auf zukünftige Generationen und auf den Allzusammenhang der Natur bezogen, möglich sein soll. Mir geht es daher nicht primär um die (Probleme der Selbstpositionierung[443] der) Theologie (oder gar um die Konkursmasse der Kirche), in diesem Fall um die »aufgeklärte Religion«[444] und deren Probleme, sondern mir geht es um die Grund-Verankerung der aufgeklärten Menschen in der Kultur der Moderne.

Aber dann, wenn man die Moderne nicht aufgeben will zugunsten eines Werte-relativistischen Nihilismus einer besitzrechtsindividualistischen Gesellschaft[445], dann wird man die Durkheim-Böckenförde-Einsicht[446], reformuliert als die Einsicht in die Notwendigkeit eines eidgenössischen Bundes[447], als sittliche Pflicht der Zivilgesellschaft rechtsphilosophisch anerkennen müssen. Aber alle Einwände ändern nichts an einem Problem: Wenn die »Gesellschaft der Individuen«[448] im Anthropozän[449] die Wei-

---

442 Heit, Alexander (2018): Sinnbildung in der Moderne. Selbstverortung der Theologie am Beispiel von Ernst Troeltsch, Paul Tillich, Wolfhart Pannenberg und Eilert Herms. Zürich: Theologischer Verlag Zürich.
443 Schulz, Heiko (Hrsg.) (2018): Natur – Freiheit – Sinn. Drei Leitbegriffe religiöser Selbstpositionierung im Gespräch mit Paul Tillich. Leipzig: Evangelische Verlagsanstalt.
444 Barth, Ulrich (Hrsg.) (2013): Aufgeklärte Religion und ihre Probleme. Schleiermacher - Troeltsch – Tillich. Berlin: De Gruyter.
445 Schulz-Nieswandt, Frank (2022): Gemeinwohl in einer Gesellschaft des privatbesitzrechtlichen Individualismus. Baden-Baden: Nomos.
446 Schulz-Nieswandt, Frank (2017): Menschenwürde als heilige Ordnung. Eine dichte Re-Konstruktion der sozialen Exklusion im Lichte der Sakralität der personalen Würde. Bielefeld: transcript; Möbius, Malte (2020): Die heilige Ordnung der Menschenwürde. Die Sakralität der Person verstehen, begründen, problematisieren. Baden-Baden: Nomos.
447 Schulz-Nieswandt, Frank (2022): Der heilige Bund der Freiheit: Frankfurt – Athen - Jerusalem: eine Reise. Baden-Baden: Alber in Nomos.
448 Elias, Norbert (1991): Die Gesellschaft der Individuen. 10. Aufl. Frankfurt am Main: Suhrkamp.
449 Manemann, Jürgen (2014): Kritik des Anthropozäns. Plädoyer für eine neue Humanökologie. Bielefeld: transcript; Laux, Henning/Henkel, Anna (Hrsg.) (2022): Die Erde, der Mensch und das Soziale. Zur Transformation gesellschaftlicher Naturverhältnisse im Anthropozän. Bielefeld: transcript. Dabei sind auch die Zusammenhänge mit dem Posthumanismus zu beachten: Loh, Janina (2013): Trans- und Posthumanismus zur Einführung. 4. Aufl. Hamburg: Junius Verlag. Zum Verhältnis Mensch-Kultur-Natur vgl. auch in Schulz-Nieswandt, Frank (2023): Daseinsthematische Polaritäten in „Warrior Cats" (Staffel 1). Eine kulturgrammatische und psychodynamische Analyse. Baden-Baden: Nomos.

chen-stellende Wahl zwischen den drei Grundformen der Gesellung – Nebeneinander, Gegeneinander, Miteinander – treffen muss, dann geht es um die rechtsphilosophische und ethische Superiorität des Miteinanders, weil hier die Rawlsianischen Teilmengen aller möglichen Pareto-Lösungen realisiert werden, während das Nebeneinander negative Externalitäten (im Widerspruch zum Sittengesetz des Art. 2 GG), die auch die personale Würde des Art. 1 GG verletzen können, nicht ausschließt. Geht man demnach nicht den Weg zum Miteinander und vermeidet damit die suboptimale Situation der nachhaltigen Akzeptanz des nicht-funktionsfähigen Nebeneinanders, so bleibt nur der Weg in den Hades. Einmal dort angelangt, das zeigt uns auch der Mythos von Orpheus und Euridyke, gibt es kein Zurück.

6.2.4 Juridischer Zugang

Es handelt sich in unserer Deduktion um eine epistemologische Utopie juridischer Art.[450] Es sollte zu erkennen und zu verstehen sein, dass mit Blick auf die Habitusformation durch die *Paideia* als charakterliche[451] »Formung der Person« die juridische Problematik der Rechtsbindung in einer gelebten Ethik der Menschen aufgrund rechtsphilosophisch hinreichender Begründung auch psychodynamisch zu verankern ist. Diese psychodynamische Verankerung ist nun aber die transgressive, also zur Selbsttranszendierung befähigende Offenheit des Subjekts als aktive Passivität gegenüber dem Geist der Idee des Miteinanders. Es handelt sich um ein genossenschaftsartiges Miteinander.

Ihr grammatischer Kern ist die Gabe, sodann die daraus erwachsende solidarische Reziprozität, nicht der Markttausch oder der politische Tausch, sondern die humangerechte Opfer-Gabe. Materiell tut sie weh, aber nicht geistig und seelisch. Mag sein, dass man dies in einer offenen und sozial interdependenten Nutzenfunktion, die dennoch ein faires Rationalitätsgleichgewicht sucht, abbilden kann, aber das ist eine formalistische Leere einer Tautologie.

Der Geist als objektive Idee in seiner Ein-Faltung in die psychodynamische Verankerung – als Verankerung des »Ankers« als ontologischer Grund

---

450 Dazu auch in Schulz-Nieswandt, Frank (2024): „Das Leben ändern als ein Werden in wachsenden Ringen. Ein Essay zur Möglichkeit, über »Fortschritt« sinnvoll zu reden. Berlin Duncker & Humblot (i. D.).
451 Charpenel, Eduardo (2018): Ethos und Praxis. Der Charakterbegriff bei Aristoteles. Freiburg i. Br./München: Alber.

6. Triadische Kategorien und die Grammatik einer transzendentalen Ontologie

des Subjekts – hängt mit einer spezifischen Interpretation des Sittengesetzes von Immanuel Kant auf der Basis des Kategorischen Imperativs des Art. 1 GG (als überpositives Recht der »inherent dignity«) zusammen.

Die reine Vernunft ist nur die Potenzialvoraussetzung des Sittengesetzes, welches aber in der Wirklichkeit einer edukativ auf Tugendausbildung abzielenden Vergesellschaftung bedarf, die die Freiheit (F) als gemeinsame Freiheit durch Vermeidung bzw. maximaler Reduktion negativer Externalitäten und somit als Maximierung der sozialen Wohlfahrt (SW)[452] in der sozialen Interdependenz der Dichte des mitmenschlichen – und somit die ontologische Polarität von E und AE personalistisch überbrückende – Zusammenlebens von Ego (E) und Alter Ego (AE) in der Gesamtheit der Personen (i = 1... n) als konsequenzialistisches Moment umfasst.

> Das Rawlsianische Pareto-Optimum der Freiheit:
> $$\partial\,SW/\partial F_{E/AE} > 0$$
> *für alle E, AE = 1 ... n → max!*

So kommt es zu einer semantischen Schnittfläche zwischen Ökonomie (Allokationsgerechtigkeit und Externalitäten), Ethik (Sittengesetz, Tugendethik, Konsequenzialismus) und Recht (Grundrechtstheorie).

6.3 Latenz des Unbedingten als religiöse Substanz im Bedingten

Instruktiv ist dann bei Jin-Ho Suh der historisch-soziologische Teil, der die Problematik der Profanisierung mit Blick auf die dämonische Abgründigkeit genealogisch rekonstruiert (S. 121 ff.). Alles läuft auf eine Latenz des Unbedingten als religiöse Substanz im Bedingten des seienden Seins der juridischen Substanz hinaus. Es war – trotz der sog. Schwarzen Hefte – immer schon so, dass man die Fundamentalontologie von Martin Heidegger »links« auslegen kann. Der geniale Denker ist auf charakteristische Abwege gekommen. Oder hatte er – wie Hannah Arendt konstatierte – überhaupt keinen Charakter? Ist sein Mit-Sein als Kategorie gar demokratisch auszulegen? Auch solche Dissertationen gibt es.

---

452 Dazu auch in Schulz-Nieswandt, Frank (2017): Menschenwürde als heilige Ordnung. Eine dichte Re-Konstruktion der sozialen Exklusion im Lichte der Sakralität der personalen Würde. Bielefeld: transcript.

6. Triadische Kategorien und die Grammatik einer transzendentalen Ontologie

Mir scheint dieses seiende Sein der juridischen Substanz aber die Schlüsselidee der Antwortsuche auf die Frage eines Beitrages von Paul Tillich zum Verständnis der Säkularisierungsproblematik im Lichte seiner Theologie der Kultur zu sein. Nochmals einen Schritt weiter gedacht: Niedergang und Verlust beziehen sich auf Form-Fragen, z. B. auf das Verpassen der genossenschaftsartigen Formfindung, nicht auf die Substanzialität in einer Theologie der Kultur als Geistlehre der Figuration von Bedingtem und Unbedingtem als humangerechte und somit »wahre« Form[453] seienden Seins jenseits einer Entfremdung[454] der menschlichen Existenzweise.

Die Möglichkeit als Möglichkeit kann nicht falsifiziert werden. Nur die Hypothese des Wirklich-geworden-seins der Möglichkeit kann falsifiziert werden. Der Kritische Rationalismus hatte immer Probleme mit diesem modallogischen Status der Möglichkeit, auch wenn der späte Karl Popper die Metaphysik für sich entdeckt hat. Eine empirische Sozialforschung historischer Soziologie, die nicht die Möglichkeit als ontologische Kategorie achtet, ist nicht nur Empirismus, sondern Positivismus, der sich intellektuell – „die Arbeit tun die Anderen", lautete einst ein bekannter Spruch einer belasteten Universitätsikone – bescheiden gibt, aber seiner Verantwortung nicht nachkommt.

Diese Position validiert sich mit Blick auf die Bedeutung des Werkes von Paul Tillich im Kapitel 5 (S. 145 ff.), wenn Jin-Ho Suh die Arbeiten Paul Tillichs aus der Mitte der 1930er Jahre betrachtet und erörtert.

6.4 Hinwendung zum Leben in der Geschichte

In Kapitel 6 behandelt Jin-Ho Suh sodann die späte Theologie von Paul Tillich (S. 171 ff.). Mit Bezug auf die Systematische Theologie von Paul Tillich werden auch die oben angedeuteten Differenzierungen der Ontologie im Lichte der Geistfunktion der Kultur und dem Sinn-Charakter des

---

453 Schulz-Nieswandt, Frank (2024): [Geplanter Titel]: Kritische Theorie der Entelechie der Person als Ästhetik der Form. Über die Wahrheit der Person, das Gute der Sozialpolitik und die Schönheit der Genossenschaft. Eine Trinitätslehre der humangerechten Kultur. Würzburg: Königshausen & Neumann (i. V.). Zuvor auch Schulz-Nieswandt, Frank (2017): Personalität, Wahrheit, Daseinsvorsorge. Spuren eigentlicher Wirklichkeit des Seins. Würzburg: Königshausen & Neumann.
454 Henning, Christoph (2020): Theorien der Entfremdung zur Einführung. 2., erw. Aufl. Hamburg: Junius.

6. Triadische Kategorien und die Grammatik einer transzendentalen Ontologie

Göttlichen – nun existenzialistisch[455] (besser: existenzphilosophisch)[456] – validiert (S. 177 ff.).

Aspekte einer dynamischen Prozess-Ontologie[457] (S. 179) haben hier Eingang gefunden, und das Verhältnis zur Korrelations-Methode wird skizziert (S. 181 ff.).

Die Hinwendung zum Leben (Jin-Ho Suh: S. 192 ff.) in der Geschichte (S. 245 ff.) stellt hier – wie ich es nennen würde – eine existentiale »onto-anthropologische Wende« dar.[458] Hier gehört auch die weiter oben angeführte Selbsttranszendenz des Menschen im Kontext der »Polarität von Selbst und Welt« (S. 201) positional eingestellt (S. 200; vor allem auch S. 216 ff.).[459]

Dabei wird man mit Sicht auf die notwendige Theorie des Subjekts in der Korrelation von Selbst und Welt in der zwei-seitigen Korrelation von (1) Mensch und Kultur und (2) Kultur und Unbedingtem, die zu einer Triade von Mensch – Kultur – Geist führt, nicht nur auch ein theoretisches[460] Vorverständnis vom kreativen Innenraum des Menschen (aufbauend auf einer Psychologie auf der Grundlage einer personalen Anthropologie[461]) in seiner aktiven Passivität haben müssen, also eine Theorie des intra-indivi-

---

455 Bakewell, Sarah (2021): Das Café der Existenzialisten. Freiheit, Sein und Aprikosencocktails. 4. Aufl. München: Beck.4. Auflage
456 Sölch, Dennis/Victor, Oliver (Hrsg.) (2021): Geschichte und Gegenwart der Existenzphilosophie. Basel: Schwabe Verlagsgruppe AG Schwabe Verlag sowie Thurnherr, Urs/Hügli, Anton (Hrsg.) (2007): Lexikon Existenzialismus und Existenzphilosophie. Darmstadt: wbg Academic in Wissenschaftliche Buchgesellschaft (wbg).
457 Hierzu auch instruktive Beiträge in Schwartz, Detlef (2022): Theologie in praktischen Zusammenhängen. Prozesstheologie, Befreiungstheologie, konstruktive Theologie inmitten des Orientierungsrahmens ‚Religion – Kultur'. Berlin: wvb Wissenschaftlicher Verlag Berlin. Ferner auch Schwartz, Detlef (2021): Theologie in schwierigen Zeiten. Befreiungstheologie als Ausgangspunkt einer Kultur der Verantwortung in Gemeinde und Pädagogik. Berlin: wvb Wissenschaftlicher Verlag Berlin.
458 Dazu demnächst Fritz, Martin (2024): Menschsein als Frage. Paul Tillichs Weg zur anthropologischen Fundierung der Theologie. Berlin: De Gruyter.
459 Dazu auch Torggler, Josef (2015): Der Mensch und seine Welt. Die philosophische Anthropologie in der Systematischen Theologie Paul Tillichs. Frankfurt am Main u. a.: Lang.
460 Auch angesichts der diesbezüglichen Beiträge von Sigmund Freud, Carl Gustav Jung und Jaques Lacan.
461 Anzuführen wären u. a. die Werke von August Vetter, Philipp Lersch, Alois Dempf, Albert Wellek, auch Hans Thomae.

6. Triadische Kategorien und die Grammatik einer transzendentalen Ontologie

duellen Arbeitsapparates, der selbst Polaritätsstrukturen aufweist[462], wie sie auch von der modernen Psychodynamik[463] angenommen werden.

Es geht auch um die Einbeziehung des intra-individuellen Innen-Tiefen-Raums des Menschen in diesem relationalen Strukturgefüge.

Die sich – wenngleich im Rahmen der auf Faltung angelegten korrelativen Dialektik – als Theodramatik[464] vermittelnde Polarität des Bedingten und des Unbedingten würde sich Spiegel-bildlich demnach und dergestalt als Polarität im Innenraum der Person wie auch im Verhältnis von Person und Kultur[465] zeigen.

Trinität als Synthese einer doppelten polaren Relation: *(Mensch ↔ Kultur) ↔ (Kultur ↔ das Unbedingte)* = *Mensch ↔ Kultur ↔ Geist*

Ein Form-Inhalt/Gehalt-ontologisches Schema[466] ermöglicht diese Sichtung des Lebens als Problem wahrer und unwahrer[467] Daseinsgestaltung, also die Sichtung des Problems der Entfremdung (als Daseinsverfehlung) als Kluft zwischen Essenz und Existenz (Jin-Ho Suh: S. 205). In der Entfremdung fehlt – ich erinnere an das Quasi-Pneuma weiter oben – der

---

462 Wellek, Albert (1966): Die Polarität im Aufbau des Charakters: System der konkreten Charakterkunde. 3., neubearb. und wesentl. erw. Aufl. Bern: Francke.

463 Schülein, Johann August (2018): Gesellschaft und Psychodynamik. Eine systematische Skizze. Wiesbaden: Springer VS; ferner Mentzos, Stavros (2017): Lehrbuch der Psychodynamik Die Funktion der Dysfunktionalität psychischer Störungen. 8. Aufl. Göttingen: Vandenhoeck & Ruprecht.

464 Diese Theodramatik wird von Sloterdijk weitgehend praxeologisch ausgelegt, nicht Geist-theoretisch: Sloterdijk, Peter (2022): Den Himmel zum Sprechen bringen. Über Theopoesie. Berlin: Suhrkamp.

465 Michel, Ernst (1959): Der Prozeß „Gesellschaft contra Person". Soziologische Wandlungen im nachgoetheschen Zeitalter. Stuttgart: Ernst Klett Verlag.

466 Dazu auch Halme, Lasse (2003): The Polarity of Dynamics and Form The Basic Tension in Paul Tillich's Thinking. Münster u. a.: LIT.

467 Vgl. auch Tuttle, Howard N. (1996): The Crowd is Untruth. The Existential Critique of Mass Society in the Thought of Kierkegaard, Nietzsche, Heidegger, and Ortega y Gasset. New York: Peter Lang.

6. Triadische Kategorien und die Grammatik einer transzendentalen Ontologie

Heilige Geist[468] (S. 205 f.), während die Vernunft[469] die Struktur des Bedingten darstellt (S. 208 f.), womit die Moralität[470] (S. 204 sowie S. 296) die Klammer der Daseinsführung im Geiste des Unbedingten (dazu S. 232 ff.) ist.[471]

6.5 Die vertikale Selbst-Transzendenz

Wenn man mit Bezug auf die existenziale Religionsphilosophie von Peter Wust[472] vom »Wagnis« des Daseins spricht, so wird nun deutlich, was Paul Tillich mit dem „Mut zum Sein"[473] (Jin-Ho Suh: S. 279 ff.) – Friedrich Rotter sprach von einem »Daseinsja«[474] – meinte: Die Annahme des bedingten Lebens als Bewältigungsaufgabe im Zeichen der Sorge[475], aber eben auch im Zeichen der Liebe im Lichte der Sinnstiftung des Unbedingten.

Was ich als ontologische bzw. transzendentale Obdachlosigkeit weiter oben aufgeführt habe, wird nun als „Sinnverlust" im Modus der Verweigerung der vertikalen Selbst-Transzendierung (ich sprach weiter oben von vertikaler Einbettung und horizontaler Verkettung innerhalb des Welt-

---

468 Dazu auch Danz, Christian (2019): Gottes Geist. Eine Pneumatologie. Tübingen: Mohr Siebeck. Ferner auch Welker, Michael (2022): Gottes Geist. Theologie des Heiligen Geistes. 7., durchgeseh, Aufl. Göttingen: Vandenhoeck & Ruprecht.
469 Danz, Christian/ Schüßler, Werner/Sturm, Erdmann (Hrsg.) (2005): Wie viel Vernunft braucht der Glaube? Internationales Jahrbuch für die Tillich-Forschung. Bd. 1. Münster u.a.: LIT.
470 Dazu demnächst auch Freitag, Marcel (2023): Paul Tillichs frühe Ethik. Von den Anfängen bis zum Religiösen Sozialismus (1906–1933). Berlin: De Gruyter.
471 Vgl. auch Böhr, Christoph (Hrsg.) (2020): Metaphysik. Von einem unabweislichen Bedürfnis der menschlichen Vernunft. Rémi Brague zu Ehren. Wiesbaden: Springer VS.
472 Wust, Peter (1995): Gewissheit und Wagnis. 2. Aufl. Paderborn: Schöningh. Dazu auch Röbel, Marc (2009): Staunen und Ehrfurcht. Eine werkgeschichtliche Untersuchung zum Denken Peter Wusts. Münster u. a.: LIT sowie Schüßler, Werner (2008): „Geborgen in der Ungeborgenheit." Einführung in Leben und Werk des Philosophen Peter Wust (1884–1940) Münster u. a.: LIT. Sodann auch: Schüßler, Werner/Röbel, Marc Meiers, Wolfgang (2015): Der Mensch als Ausgangspunkt der Philosophie. Einführung in die Hauptwerke Peter Wusts, Berlin u. a.: LIT.
473 Tillich, Paul (2015): Der Mut zum Sein. 2. Aufl. Berlin: De Gruyter.
474 Rotter, Friedrich (1962): Die Gabe unseres Daseins. Das Problem der Existenzphilosophie im Blickfeld der »immerwährenden Philosophie«. Mainz: Matthias-Grünewald-Verlag.
475 Ruffing, Reiner (2013): Der Sinn der Sorge. Freiburg i. Br./München: Alber.

6. Triadische Kategorien und die Grammatik einer transzendentalen Ontologie

immanenzdenkens des (durchaus sozialeschatologischen[476]) Humanismus verstanden. Der Mensch wird hier geöffnet für eine letzte Stufe des Werdens in wachsenden Ringen, um mit Rainer Maria Rilke[477] zu sprechen (Jin-Ho Suh: S. 269).

Die Alternative wäre: Es entsteht ein geistiges Vakuum (S. 272 f.). Die übergreifende, integrative Mitte des Geistes als Anker[478] des Menschen, der sich trotz der kopernikanischen Wende immer noch ptolemäisch und somit sich selbst als Ausgangspunkt-Mitte versteht, ist verloren gegangen. Das Telos der Geschichte[479] wäre nun daher als Antwort auf diese daseinsverfehlende Alternative die universale inkludierende Personalisierung[480] des Menschen im Sinne der achtungsvollen Anerkennung seiner Würde (S. 251) und auch der Achtung der außermenschlichen Natur (S. 251). Dazu benötigten wir allerdings die Solidarität[481] einer Weltgenossenschaft.[482] Eine solche Interpretation und auch rechtsphilosophisch-ethische Auslegung in Richtung auf einen (vom sozialen Rechtsstaat getragenen) freiheitlichen Genossenschaftssozialismus ist weit entfernt von sozialkonservativen Diagnosen und Visionen vom personalen Leben[483] in einem personalen Zeitalter[484].

Die zentrale Frage einer wirklich a-thetischen, jedoch zugleich ebenso wirklich post-säkularen Selbsttranszendierung im Rahmen eines metaphy-

---

476 Manemann, Jürgen (2021): Revolutionäres Christentum. Ein Plädoyer. Berlin: transcript.
477 Vgl. in Engel, Manfred (Hrsg.) (2013): Rilke-Handbuch. Leben – Werk – Wirkung. Stuttgart-Weimar: Metzler.
478 Dazu auch Brague, Rémi (2018): Anker im Himmel. Metaphysik als Fundament der Anthropologie. Wiesbaden: Springer VS.
479 Jin-Ho Sug beachtet dabei die Studie von Drobe, Christina (2021): Was ist der Sinn der Geschichte? Theologische Reflexionen zur Eschatologie von Paul Tillich. Berlin: De Gruyter.
480 Wichtig dazu: Glöckner, Konrad (2004): Personsein als Telos der Schöpfung Eine Darstellung der Theologie Paul Tillichs aus der Perspektive seines Verständnisses des Menschen als Person. Münster u. a.: LIT
481 Bourgeois, Léon (2020): Solidarität. Von den Grundlagen dauerhaften Friedens. Berlin: Suhrkamp.
482 Brunkhorst, Hauke (2002): Solidarität. Von der Bürgerfreundschaft zur globalen Rechtsgenossenschaft. Frankfurt am Main. Suhrkamp. Vgl. auch Wilbrandt, Robert (1946): Aufbruch zum Weltbundesstaat. Stuttgart: Franz Mittelbach.
483 Michel, Ernst (1951): Rettung und Erneuerung des personalen Lebens. Frankfurt am Main: Verlag Josef Knecht-Carolusdruckerei.
484 Oppen, Dietrich von (1965): Das personale Zeitalter. Formen und Grundlagen gesellschaftlichen Lebens im 20. Jahrhundert. Stuttgart/Gelnhausen: Verlagsgemeinschaft Burckhardthaus- und Kreuz-Verlag.

6. Triadische Kategorien und die Grammatik einer transzendentalen Ontologie

sisch bedürftigen Humanismus ist die Frage, ob zwingend auch diese letzte Stufe der Abfolge von Selbsttranszendierungen erfüllt werden muss, also das „Tor zum Geheimnis der Hoffnung" und somit zur Erlösung[485] durchschritten werden muss, dabei und dazu aus der Wanne heraus nach oben schwebend. Dies alles – aber im Rahmen der Responsität aktiver Passivität gedacht – funktioniert nicht ohne »Eros« als die disponierende Fähigkeit des Subjekts[486] hin zu ekstatischen[487] Transgression.[488]

Letztendlich dreht sich die Entelechie der Metamorphosen des Menschen als ein Wahr-Werden in wachsenden Ringen um die Kreativität des Eros, wenn die Selbsttranszendierungen über die Stufen von Libido, Philia und Agape hinweg gelingen soll.[489]

---

485 Péguy, Charles (2019): Das Tor zum Geheimnis der Hoffnung. 6. Aufl. Freiburg i. Br.: Johannes Verlag Einsiedeln. Vgl. dazu auch Hanimann, Joseph (2017): Der Unzeitgenosse. Charles Péguy - Rebell gegen die Herrschaft des Neuen. München: Hanser.
486 Jüttemann, Gerd (Hrsg.) (2023): Wie der Mensch sich selbst entdeckte. Zur Psychologie des Erkennens von Sinn: Gießen: Psychosozial-Verlag.
487 Scholtz, Gunter (1967): Sprung: Zur Geschichte eines philosophischen Begriffes. In: Archiv für Begriffsgeschichte 11: S. 206-237.
488 Schmidt, Michael (2004): Ekstatische Transzendenz Ludwig Binswangers Phänomenologie der Liebe und die Aufdeckung der sozialontologischen Defizite in Heidegers "Sein und Zeit". Würzburg: Königshausen & Neumann.
489 Dazu u. a. Brandscheidt, Renate u. a. (2018): Eros oder Agape? Die Frage nach der Liebe. Würzburg: Echter. Ferner Schüßler, Werner/Röbel, Marc (Hrsg.) (2016): LIEBE – mehr als ein Gefühl. Philosophie – Theologie – Einzelwissenschaften. Paderborn: Schöningh.

7. Polyphonie des post-säkularen Menschen in der Moderne

Die Idee der Figur einer Quasi-Religion soll nun als Fokus einer möglichen Perspektive auf die Polyphonie der vielen Gesichter des Heiligen und der religiösen Erfahrung in der post-säkularen Moderne angesprochen werden.

Am Ende erörtert Jin-Ho Suh die Möglichkeit der Quasi-Religion[490] (S. 282 ff.), auch als Religion ohne Gott, der gestorben[491] ist, und ohne Kirche, wobei das Ende der Kirche nicht bedeuten muss[492], Individuen würden sich nur noch – selbstreferentiell isoliert – selbst optimieren[493] ohne Einbindung in soziale Formen der Gesellung. Dabei sind »totale«[494] Formen[495] nur eine mögliche Form. Die Essenz des Profanen ist und bleibt das Unbedingte im Profanen (S. 286 ff.).

---

490 Vgl. auch in Braungart, Wolfgang (Hrsg.) (2015): Stefan George und die Religion. Berlin: De Gruyter. Dieser Verweis zeigt an, dass es überhaupt überraschend ist, generalisiert zu behaupten, die Re-Sakralisierung der säkularisierten Profanität sei eine neuere Entwicklung. Vielmehr war sie – u. a. in der von der Romantik (Safranski, Rüdiger [2007]: Romantik. Eine deutsche Affäre. 15. Aufl. München: Hanser; Wulf, Andrea [2022]: Fabelhafte Rebellen. Die frühen Romantiker und die Erfindung des Ich - Reich bebildert, mit vielen farbigen Abbildungen und Karten. Gütersloh: C. Bertelsmann) geprägten re-mythisierenden Antike-Rezeption und einer neuen Mythologie vom kommenden Gott überaus wirksam. Dazu auch in Schulz-Nieswandt, Frank (2024): Das Griechenlandbild im Werk von Eva Jantzen. Zwischen arkadischer Sehnsucht und Modernisierungserfahrung. Würzburg: Königshausen & Neumann (i. D.).

491 David, Philipp (2023): Der Tod Gottes als Lebensgefühl der Moderne. Geschichte, Deutung und Kritik eines Krisenphänomens. Tübingen: Mohr Siebeck. Vgl. auch Sloterdijk, Peter (2017): Nach Gott. Berlin: Suhrkamp.

492 Joas, Hans (2022): Warum Kirche? Selbstoptimierung oder Glaubensgemeinschaft. Freiburg i. br. u. a.: Herder.

493 King, Vera/Gerisch, Benigna/Rosa, Hartmut (Hrsg.) (2021): Lost in Perfection. Zur Optimierung von Gesellschaft und Psyche. 3. Aufl. Berlin: Suhrkamp; Fuchs, Thomas/Iwer, Lukas/Micali, Stefano (Hrsg.) (2018): Das überforderte Subjekt. Zeitdiagnosen einer beschleunigten Gesellschaft. 3. Aufl. Berlin: Suhrkamp.

494 Assmann, Jan (2016): Totale Religion. Ursprünge und Formen puritanischer Verschärfung. 3. Aufl. Wien: Picus Verlag

495 Coser, Lewis A. (2015): Gierige Institutionen. Soziologische Studien über totales Engagement. Berlin: Suhrkamp.

7. Polyphonie des post-säkularen Menschen in der Moderne

7.1 Gnade als Gabe und korrelative Dialektik

Mit der Theologie von Karl Rahner verbindet sich die Gedanke dort, wo die Sinn-Gebung als eine Gabe als Gnade verstehbar ist, wobei diese Gnade in ihrem unbedingten Ursprung eben nicht eine »geschaffene Gnade«, sondern Gott in seiner Selbstmitteilung[496] sei, wobei Paul Tillich gerade diese Verdinglichung vermeiden wollte, um – auf symboltheoretischer Art und Weise – den Geist-Charakter des Sinns zu betonen.[497] Die Nähe zu Tillich zeigt sich jedoch wieder dort, wo es um die transzendentale Offenheit[498] des Subjekts geht: Karl Rahners Theologie steht mit der Frage nach dem Adressaten dieser göttlichen Selbstmitteilung im Kontext der anthropologischen Wende[499], da mit dem Subjekt nach den vorausgesetzten Bedingungen der Möglichkeit[500] des Verstehens der göttlichen Offenbarung als Selbstmitteilung (ein »übernatürliches Existenzial«[501]) gefragt werden muss.[502] Bei Paul Tillich ist es anders oder vielmehr – durchaus jenseits[503] einer dualistischen Ontologie (des menschlichen und des göttlichen Geistes)[504] – ein reziprokes Zusammenspiel zweier transzendentaler Seiten: die Mitte von Subjekt und Kultur einerseits und die Mitte von Kultur und

---

496 Lerch, Magnus (2015): Selbstmitteilung Gottes. Herausforderungen einer freiheitstheoretischen Offenbarungstheologie. Regensburg: Pustet.
497 Vgl. auch Schwartz, Detlef (2020): Das Verständnis von Gnade und Versöhnung in der nordamerikanischen Bewegung ‚Constructive Theology' beleuchtet unter dem Gesichtspunkt des Verhältnisses von Kultur und Religion. Analyse und praktische Beispiele. Berlin: wvb Wissenschaftlicher Verlag Berlin.
498 Zinkeviciute, Renata (2006): Karl Rahners Mystagogiebegriff und seine praktisch-theologische Rezeption. Frankfurt am Main u. a.: Lang.
499 Losinger, Anton (2015): Orientierungspunkt Mensch. Der anthropologische Ansatz in der Theologie Karl Rahners. Sankt Ottilien: EOS Verlag.
500 Knoepffler, Nikolaus (1993): Der Begriff "transzendental" bei Karl Rahner. Zur Frage seiner Kantischen Herkunft. Innsbruck: Tyrolia.
501 Rulands, Paul (2000): Menschsein unter dem An-Spruch der Gnade. Das übernatürliche Existential und der Begriff der natura pura bei Karl Rahner. Innsbruck: Tyrolia.
502 Herzgsell, Johannes (2000): Dynamik des Geistes. Ein Beitrag zum anthropologischen Transzendenzbegriff von Karl Rahner. Innsbruck: Tyrolia.
503 Tillich, Paul (2020): Dynamik des Glaubens (Dynamics of Faith). Neu übersetzt, eingeleitet und mit einem Kommentar versehen von Werner Schüßler. Berlin: De Gruyter.
504 Langenfeld, Aaron/Rosenhauer, Sarah/Steiner, Stephan (Hrsg.) (2021): Menschlicher Geist – Göttlicher Geist. Beiträge zur Philosophie und Theologie des Geistes. Münster: Aschendorff.

7. Polyphonie des post-säkularen Menschen in der Moderne

Sinn des Unbedingten, die eine absolute Mitte der beiden partiellen Mitten ergibt:

(Mensch + Kultur) | + | (Kultur und Sinn).

Die Selbst-Entfaltung des Menschen[505] und die – pneumatische[506] – Selbst-Entfaltung des unbedingten Sinns falten sich ineinander (vgl. dazu gleich noch im Fazit). Die Selbstmitteilung des Unbedingten ist aber auf das Subjekt mit seiner transzendentalen Fähigkeit angewiesen, wobei sich das Subjekt wiederum dem Unbedingten verdankt.[507] Das Unbedingte wird dadurch nicht bedingt, aber die Selbstmitteilung des Unbedingten wird zur bedingten Unbedingtheit.[508] Für das bedingte Subjekt bedeutet dies: Der individuelle Mensch kann in der korrelativen Dialektik eine reife[509] Verbundenheit eingehen, die eine Verbindung ohne (regressive) Verschmelzung meint oder den Verlust der personalen Grenze gegenüber dem Anderen in der Welt als Umwelt.

7.2 Korrelative Dialektik als Logik einer neuen Bundesgemeinschaft

Vielleicht wird hier der ur-alte[510] Gedanke der »Bundesgemeinschaft« – ohne hierzu insbesondere auf die alttestamentliche[511] bundestheologische Auslegungsproblematik einzugehen – nochmals neu verstehbar, und zwar in Richtung auf ein genossenschaftsartiges Miteinander zwischen dem be-

---

505 Dazu instruktiv: Deister, Bernhard (2007): Anthropologie im Dialog. Das Menschenbild bei Carl Rogers und Karl Rahner im interdisziplinären Dialog zwischen Psychologie und Theologie. Innsbruck: Tyrolia.
506 Kern, Renate (2007): Theologie aus Erfahrung des Geistes. Eine Untersuchung zur Pneumatologie Karl Rahners. Innsbruck: Tyrolia.
507 Dazu auch Seung-Wook Kim, Michael (2004): Auf der Suche nach dem Unbedingten, das mich ich sein lässt. Zur Entwicklung des erstphilosophischen Denkens bei Hansjürgen Verweyen. Regensburg: Pustet.
508 Dazu auch Langenfeld, Aaron (2021): Frei im Geist. Studien zum Begriff direkter Proportionalität in pneumatologischer Absicht. Innsbruck: Tyrolia.
509 Unger, Raymond (2023): Die Heldenreise des Bürgers. Vom Untertan zum Souverän. München: Europa Verlage.
510 Koch, Christoph (2008): Vertrag, Treueid und Bund. Studien zur Rezeption des altorientalischen Vertragsrechts im Deuteronomium und zur Ausbildung der Bundestheologie im Alten Testament. Berlin: De Gruyter.
511 Rüterswörden, Udo (2006): Art. Bund (AT). In: Das Wissenschaftliche Bibellexikon im Internet (www.wibilex.de): Tag des Zugriffs: 29. August 2023.

dingten Menschen und der unbedingten Idee des objektiven Geistes der Kultur und ihrer – hier: a-theistischen – Tiefe.[512]

Die christliche Theologie bezieht sich auf den »Neuen Bund« im Neuen Testament[513]: Durch seinen Tod am Kreuz und seine Auferstehung hat Jesus Christus diesen »Neuen Bund« in Kraft gesetzt. Er gilt nicht nur – damit einen übersteigenden Bezug zur alttestamentlichen Bundestheologie beanspruchend – für das Volk Israel, sondern – universalistisch denkend – für alle Menschen aus allen Völkern der Welt (Römer 11,25-32). Seine liturgische Signatur findet dieser Neue Bund in dem Abendmahl-Ritual (1. Korinther 11,25).[514]

Der Neue Bund vermittelt sich – und dies ist nun für die vorliegende Problematik bedeutsam – über das Wirken des Heiligen Geistes und bedeutet mit Blick auf das (schon alttestamentlich erkannte Reziprozitätsprinzip von Tun und Ergehen) die Freiheit von Sünde und Schuld (2. Korinther 3). Durch den Neuen Bund werden die Menschen (im Sinne der *analogia entis*-Anthropologie) wieder zum Ebenbild Gottes entsprechend der göttlichen Urschöpfung (2. Korinther 3,18). Das hat die Theologie der Kultur von Paul Tillich nochmals in eigener Art und Weise aufgegriffen und weiterentwickelt.[515] Denn man wird diese neue Freiheit[516] auch rechtsphilosophisch und ethisch und somit mit Blick auf einen religiösen Sozialismus dergestalt auslegen müssen, dass das gelingende Miteinander genossenschaftsartig verstanden wird, so wie einst schon das ur- und frühchristliche Gemeinde-

---

512 Ferner: Guardini, Romano (1979): Freiheit – Gnade – Schicksal. Drei Kapitel zur Deutung des Daseins. München: Kösel-Verlag.
513 Levin, Christoph (1985): Die Verheißung des neuen Bundes in ihrem theologiegeschichtlichen Zusammenhang ausgelegt. Göttingen: Vandenhoeck & Ruprecht.
514 Lang, Bernhard (1998): Heiliges Spiel. Eine Geschichte des christlichen Gottesdienstes. München: Beck. Mit Bezug auf Paul Tillich vgl. auch Roth, Markus (2016): Die Zuwendung Gottes feiern. Evangelische Gottesdienst-Theologie bei Martin Luther, Oswald Bayer und Paul Tillich als ein Beitrag zu einer fundamentalliturgischen Praxistheorie. Leipzig: Evangelische Verlagsanstalt.
515 Danz, Christian (2014): Religion als Freiheitsbewußtsein. Eine Studie zur Theologie als Theorie der Konstitutionsbedingungen individueller Subjektivität bei Paul Tillich. (Reprint von 2000). Berlin: De Gruyter.
516 Vgl. z. B. auch Markschies, Christoph (2011): Zur Freiheit befreit. Bildung und Bildungsgerechtigkeit in evangelischer Perspektive. Leipzig: edition chrismon in EVA.

leben in der genossenschaftlichen Form des hellenistischen[517] Vereinswesen gedacht war.[518]

Genau an diesem Punkt wird man sich jedoch die Problematik der post-theistischen oder gar a-theistisch und dennoch post-säkularen Idee der Genossenschaft verständlich machen müssen. Mit Blick auf die *communio* ist die *Koinonia* nicht eine (untergeordnete) Dimensionen der (eigentlich wichtigen) *Ekklesia*, sondern die *Ekklesia* - hier der kollektiv geteilte pneumatische Geist des eidgenössischen Bundes – ist eine Dimension der *Koinonia*. Was aus der Sicht der uralten Kirchengeschichte und ihres theologischen Überbaus wie eine Kastration empfunden werden muss, ist aber die humanistische Drehung der bleibenden Erbschaft der jüdisch-christlichen (und vielleicht auch der islamischen) Religion.

Am Ende ist die Gemeindeordnung des kommunalen Sozialraums eine verfasste Genossenschaft. Ohne ekklesiatischer Theologie geht es dieser Idee der Gemeinde als politische *Koinonia* um ihren *Polis*-Charakter als Rechts- und Hilfegenossenschaft. Als Ordnung der Miteinanderfreiheit des »guten Lebens« geht es ihr um solidarische Gerechtigkeit. Nicht jede Gerechtigkeit nimmt die Form der Solidarität an, und vor allem gilt auch, dass nicht jede Solidarität gerecht, politisch legitim und ethisch akzeptabel ist. Bedenken wir den schlimmsten anzunehmenden Fall der destruktiven Erosion der humangerechten Zivilisation: Der Faschismus kennt seine eigenen Solidaritätsformen. Und seine Empathie-Fähigkeiten nehmen eben nicht die Form der Prosozialität, sondern die der Nichtung des Anderen an.

Die *Koinonia* hat hierbei durchaus eine pneumatische Substanz, ohne deshalb als Kirche verstanden zu werden. Denn den sozialen Gebilden ist ja das Wirken eines objektiven Geistes inne; so (1) das Recht in seiner »juridischen Substanz«, so (2) die vor-gesetzlichen Normen und Werte, die leitenden Ideen, die (3) in ihrem Zusammenspiel die kollektiv geteilte Dispositivordnung im Sozialisationsgeschehen der *Koinonia*-Mitglieder prägt. Dies

---

517 Allgemeiner kritisch dazu: Markschies, Christoph (2012): Hellenisierung des Christentums. Sinn und Unsinn einer historischen Deutungskategorie. Leipzig: Evangelische Verlagsanstalt.
518 Vgl. in Schulz-Nieswandt, Frank (2018): Morphologie und Kulturgeschichte der genossenschaftlichen Form. Baden-Baden: Nomos sowie in Schulz-Nieswandt, Frank/Moldenhauer, Joschka (2023): Tischgenossenschaft und Genossenschaft der Tische. Eine kleine Morphologie der Miteinander-Gabe und der Für-Gabe für Andere als Formen sozialer Beziehungen Berlin u. a.: LIT sowie in Schulz-Nieswandt, Frank/Micken, Simon (2021): Die Gabe. Kulturgrammatischer Baustein und generative Form der genossenschaftsartigen Sozialgebilde. Berlin u. a.: LIT.

gilt ontologisch für jede Gesellschaft, ihre konkrete substantielle Gestalt ist aber, historistisch gesehen, verschieden und unterliegt dem Wandel[519], der – je nach historistischer Gestaltform der pneumatischen Substanz[520] – auch die Qualität eines geschichtlichen Fortschritts annehmen kann.

7.3 Gottesebenbildlichkeit und die Differenz

Mit Bezug auf diese Gottebenbildlichkeit wird einerseits deutlich, dass die »als-ob«-Idee des Unbedingten im Sinne der Wissenschaftslehre des südwestdeutschen Neu-Kantianismus den methodologischen Status eines Idealtypus hat, an dem der Mensch in seiner realtypologisch fassbaren Vielfalt des seienden Seins vermessen werden kann.

Das Δ zwischen dem Unbedingten und dem Bedingten bleibt jedoch immer - Freiheit koppelt sich hier an Demut – erhalten, denn ein Idealtypus kann *ex definitione* nie empirische Gestalt annehmen. Der Idealtypus beruht ja auf einer extrem stilisierenden Übersteigerung eines konstitutiven Merkmales. In diesem Fall des Unbedingten ist es die absolute Autonomie des Sinns des Geistes als unbewegter Beweger, der allerdings nur dann etwas bewirken kann, wenn er als objektiver Geist in der Kultur des geschichtlichen Menschen als Geist-Funktion der Kultur – also doch pantheistisch? – Eingang und somit als Signatur Zugang zum Menschen als Subjekt findet.

Damit wird – allerdings jenseits einer absoluten Souveränitätsvorstellung, was die Hybris eines prometheischen[521] Subjekts wäre – in der Theologie der Kultur bei Paul Tillich die Offenbarung als Selbstmitteilung des Unbedingten nicht als Automatik verstanden. Die Möglichkeit der Selbstmitteilung ist unbedingt, weil es eine Selbstmitteilung des Sinns des unbedingten Geistes ist. Aber geschichtliche Wirklichkeit wird die Selbstmitteilung nur dann, wenn sie sich über die Sinn-Funktion der sozialisatorischen Kultur »in-skrip-tiert« in den Menschen als platonische Tontafel, moderner: als offenes Buch, das in aktiver Passivität auf ein Skript wartet, dass

---

519 Schulz-Nieswandt Frank (2024): Die epistemische Differenz. Quo vadis: Eule der Minerva? Baden-Baden: Nomos (i. V.).
520 Schulz-Nieswandt, Frank (2024): „Das Leben ändern als ein Werden in wachsenden Ringen. Ein Essay zur Möglichkeit, über »Fortschritt« sinnvoll zu reden. Berlin Duncker & Humblot (i. D.).
521 Peters, Günter (2016): Prometheus. Modelle eines Mythos in der europäischen Literatur. Weilerswist: Velbrück.

den Menschen dann zum kreativen Rollenspieler macht, der das Drehbuch umsetzen – definiert als Verwirklichung des Sinns – soll.

Nochmals anders formuliert: Es hängt von der Annahme des Geistes und von der Internalisierung des Sinns als Drehbuch des »jemeinigen« Selbst-Konzepts ab, ob der Mensch sein Leben in Wahrhaftigkeit – Wahrheit hat mit der Relation von Entschlossenheit und Verantwortung zu tun[522] – oder als Charaktermaske in entfremdeter Form führt. Es dreht sich also um die Frage der Arbeit am Δ.

Das Δ kann im Raum der transzendentalen Limitationen der *conditio humana* (als Ligaturen des Optionalen) *niemals nicht existieren*, es kann aber minimiert werden:

$$(\Delta \neq 0) \to min!$$

»Jemeinigkeit« des Selbstkonzepts wiederum ist keine reine selbstreferentielle Selbst-Optimierung: Das wäre nur identitäre Individuation.

7.4 Von der Individuation zur Personalisisierung

Das Subjekt, dass hier in diesem ontologischen Kontext der korrelativen Dialektik die Bedingtheit der Wirklichkeit des Unbedingten begründet, ist eine Optimierung im selbsttranszendierenden Mit-Sein, also ein personales Selbst-Sein im gelingenden sozialen Mit-Sein als Ausdrucksgestalt der Sinn-Funktion der Kultur, in der sich der Geist des Unbedingten entfaltet, weil einfaltet (1) in die Kultur hinein und sodann (2) in das Subjekt dieser Kultur hinein. Es geht also um die Vergesellschaftung des geschichtlichen und somit konkreten Menschen. Und in der Selbst-Optimierung als Optimierung des Mit-Seins als Arbeit am Programmcode des Drehbuches der Minimierung des Δ wird nun verständlich, was denn der unbedingte Sinn des Geistes ist: Es ist das programmgenetische Prinzip der Liebe als generative Grammatik des Gelingens des sozialen Miteinanders. Hier nimmt die Individuation die Form der Personalisierung an. Und das Miteinander als Überwindung eines Nebeneinanders und als Vermeidung des Gegeneinanders nimmt die genossenschaftliche Form der solidarischen Reziprozität der gemeinsamen Verantwortung dieser Miteinanderfreiheit an.

---

522 Pausch, Eberhard Martin (2020): Wahrheit zwischen Erschlossenheit und Verantwortung. Die Rezeption und Transformation der Wahrheitskonzeption Martin Heideggers in der Theologie Rudolf Bultmanns. (Reprint von 1995). Berlin: de Gruyter.

Obwohl das Δ nie den Wert 0 annehmen kann, ist es nie ausgeschlossen, dass der Mensch – als *homo abyssus* - nicht die neurotische Verstiegenheit des Manischen des ikarischen[523] Wahns als narzisstische Störung annehmen kann.

In diesem psychodynamischen Fall ignoriert das Subjekt seinen ontologischen Charakter der Bedingtheit, versteht nicht seine De-Zentriertheit im Dasein, sondern versteigt sich zum Wahn einer apriorischen Souveränität eines cartesianischen Absolutismus. Die Demut ist verloren gegangen. Doch die Geschichte geht weiter: Und das Demuts-lose Subjekt wird zum Subjekt der Demütigung des Mitmenschen, da dieser zur Verfügungsmasse der Ökonomik der Begierde als Kraftquelle der Objektbesetzungen wird. Die Sittlichkeit des Selbst-Seins im Modus des sozialen Mit-Seins erodiert. Die instrumentelle Vernunft übernimmt die Macht. Diese Pathogenese der malignen Ordnung wird hier im Lichte einer Psychoanalyse des Objektbesetzungswahns des Besitzrechtsindividualismus diagnostiziert. Dieser destruktive Individualismus kennt nur die negative Freiheit und verfehlt die soziale Freiheit als Ausdrucksgestalt der wahren Form der Sinn-Funktion der Kultur. Das Leben nimmt eine unwahre Form an, die als Entfremdung zu verstehen ist.

Die Objektbesetzung – gegenüber dem Mitmenschen wie auch gegenüber der Natur – wird hier in ihrer Logik der gewaltsamen Aneignung kritisiert. Während die Gabe – in der Perspektive der responsiven Phänomenologie, für die das Empfangen[524] am Anfang steht – immer schon eine Gegen-Gabe als Erwiderung der Gabe des vorgängigen Gegeben-Seins ist, ist die gewaltsame Aneignung der Ausdruck eines archetypischen Raubes, der die entfremdete Kulturgeschichte stiftet. Davon zu trennen wäre die Narration des sozialheroischen Diebstahls, der als Ausgleichs-Tat der sozialen Gerechtigkeit als eine Rebellion interpretiert wird.[525] Mit diesen Variationen ist die klassische Frage nach dem Ursprung des Privateigentums verbunden. Beruhte es auf einer appropriativen Gewalt des Raubes? Welche Rolle spielte die Entstehung des Geldes? Diente es abwicklungstechnisch

---

523 Koerner, Joseph Leo (1983): Die Suche nach dem Labyrinth. Der Mythos von Dädalus und Ikarus. Frankfurt am Main: Suhrkamp.
524 Absalon, Beate u. a. (Hrsg.) (2023): Empfangen. Die andere Seite der Gabe. Berlin: De Gruyter.
525 Gehrlach, Andreas (2016): Diebe. Die heimliche Aneignung als Ursprungserzählung in Literatur, Philosophie und Mythos. München: Fink. Ferner Gerlach, Andreas/Kimmich, Dorothee (Hrsg.) (2018): Diebstahl! Zur Kulturgeschichte eines Gründungsmythos. München: Fink.

7. Polyphonie des post-säkularen Menschen in der Moderne

nur dem Tausch, so setzt es bereits ein Zu-Tauschendes voraus, damit auch die Eigentumsrechte als Verfügungsmacht über das Zu-Tauschende. Und wenn das materielle Zu-Tauschende zu Geld wird, kristallisiert sich die Vermögensfunktion des Geldes heraus. Der Objektbesetzungswahn bekommt eine neue Perspektive: Mit Geld kann man sich – im Modus der Warenform – alles aneignen, also kaufen oder auch rauben.

Der soziale Gaben-Tausch folgt einer anderen Logik. Als Wesenskern des Gebens und Nehmens einer solidarischen Sorgekultur der tauschökonomischen Reziprozität führt sie uns zur Form der Genossenschaft.

Es mag deutlich und sodann in diesem Lichte verständlich werden, dass die vorliegende Abhandlung den Weg zu einer Metaphysik der Idee der genossenschaftlichen Form einschlägt.

7.5 Strukturontologie der Immanenz des Unbedingten

Diese Diffusion des unbedingten Sinns in der Kultur in der Geschichte des Lebens der Menschen betont Jin-Ho Suh nochmals in seinem Fazit (S. 299 ff.): Die Möglichkeit der Immanenz des Unbedingten[526] (S. 307) ist der Kern der Grundstruktur (S. 207) der Paul Tillich'schen Religionsphilosophie einer radikalen onto-anthropologischen Wende, die nicht im Widerspruch, sondern im Verhältnis der Ermöglichung seiner Systematischen Theologie steht. Die Anthropologie des Menschen als *homo viator*[527] bleibt damit in der Position des Responsität[528], wodurch auf den Einfluss

---

526 Dazu – womit sich sodann allerdings auch das weitere Diskursfeld der Relation von Paul Tillich und Karl Rahner eröffnet – auch Ogden, Steven G. (2007): The presence of God in the world: A contribution to postmodern Christology based on the theologies of Paul Tillich and Karl Rahner. Frankfurt am Main u. a.: Lang. Zu dieser Relation Tillich-Rahner vgl. auch O'meara, Thomas F. (2010): Paul Tillich and Karl Rahner: Similarities and Contrasts. In: Gregorianum: S. 443-459.

527 Röbel, Marc/Schüßler, Werner (Hrsg.) (2021): Der Mensch als Homo Viator. Existenzphilosophische Perspektiven. Freiburg i. Br./München: Alber.

528 Exemplarische Studien: Schulz-Nieswandt, Frank (2023): Aura des Augenblicks. Epiphanisches Erleben in Dorothy L. Sayers (1893-1957) Roman ‚Aufruhr in Oxford'. Würzburg: Königshausen & Neumann sowie Schulz-Nieswandt, Frank (2024): Mythische Atmosphäre und kreativer Eros. Das Zusammenspiel in »Venus und der Antiquar« von Leo Weismantel". Würzburg: Königshausen & Neumann (i. E.). In Vorbereitung sind: Schulz-Nieswandt, Frank (2024): Epiphanisches Sizilien. Responsive Phänomenologie einer Imagination in abwesender Anwesenheit. Würzburg: Königshausen & Neumann sowie Schulz-Nieswandt, Frank (2024): „Begeiste-

7. Polyphonie des post-säkularen Menschen in der Moderne

des Denkens von Friedrich Wilhelm Joseph Schelling[529] auf Paul Tillich erinnert wird (S. 307 f.).[530]

---

rung der Materie". Eine exemplarische Texthermeneutik im Geiste einer responsiven Phänomenologie. Baden-Baden: Nomos.
529 Wetz, Franz J. (2023): Friedrich W. J. Schelling zur Einführung. 2. erg. Aufl. Hamburg: Junius Verlag. Dazu auch in Danz, Christian/Jantzen, Jörg (Hrsg.) (2011): Gott, Natur, Kunst und Geschichte. Schelling zwischen Identitätsphilosophie und Freiheitsschrift. Göttingen: V&R unipress.
530 Pogliano, Silvia (202): Der andersartige Anfang. Grund und Freiheit bei Schelling und Pareyson. Baden-Baden: Nomos.

8. Fazit: Wahrheit und Geschichte

Ein Fazit in Bezug auf die Destillierung des Wesenskerns des Werkes von Paul Tillich im Blick auf den Bezugstext soll versucht werden. Es geht um die Wahrheit der humangerechten Form im Geiste der Substanz des Unbedingten.
Ich habe die werkgeschichtliche – somit sequenzielle – Methodologie von Jin-Ho Suh in der Art und Weise meiner diskursiven Rezeption und somit in der Ausbreitung der vorliegenden Abhandlung de-sequenzialisiert, um den durchgängigen Identitätskern der Arbeit von Jin-Ho Suh[531], auf

---

[531] Die Dissertation leistet eine solche synthetische Aufgabe. Die Bedeutung besteht in der werkgeschichtlichen Rekonstruktion, weniger – m. E. – in dem Ergebnis, denn viele der Paul Tillich-Studien, die von Jin-Ho Suh (wenn auch nicht erschöpfend) erfasst und berücksichtigt worden sind, haben mit ihren Bausteinen zu einer solchen Synthese bereits Vorarbeiten geleistet. Das Ergebnis der vorliegenden Dissertation paraphrasiert – synthetisierend – die Bausteine zu einer dichten Fokussierung auf den Kern des Werkes von Paul Tillich. Dass die Dissertation nicht alle Verästelungen in allen möglichen Tiefen und alle (auch die sozial- und kulturwissenschaftlichen) Diskurse vollumfänglich einarbeitet, dass die Rolle von Friedrich Nietzsche (vgl. auch Danz, Christian/Schüßler, Werner/Sturm, Erdmann [Hrsg.] [2008]: Tillich und Nietzsche. Internationales Jahrbuch für die Tillich-Forschung. Bd. 3. Münster u. a.: LIT) oder die Bedeutung für die Kunsttheorie nicht erörtert wird etc., das sind keine letztendlich entscheidenden Argumente einer Kritik. Mit Blick auf die universitäre Idee der Dissertation soll man die Kirche im Dorf lassen. Mit Blick auf die Kunst wird gerade auch die Unterscheidung von Inhalt und Gehalt in Bezug auf die Form deutlich: Mit Inhalt bezeichnet er den im Kunstwerk bearbeiteten thematischen Gegenstand, während mit dem Gehalt die Grundeinstellung zur Wirklichkeit beschrieben wird. In der Form (F) kommen demnach die Daseinsthematik (Inhalt I) und das Weltverhältnis (W) zur integrierten Ausdrucksgestalt. (AG):
$AG = F \leftarrow [I] \leftarrow W.$
Der Gehalt scheint hierbei von transzendentaler, d. h. generativer Bedeutung und bringt den Inhalt in die performative Form. Wahre Kunst bringt hierbei das Ewige im Jetzt zur Ausdrucksgestalt. Hier kommen Stoff und Stil zusammen. Vgl. auch Paul Tillich, Paul (2004): Kunst und Gesellschaft Drei Vorlesungen (1952). Münster u.a.: LIT. So spielte der Expressionismus eine wichtige Rolle in der Theologie der Kunst bei Paul Tillich. Vgl. auch in Hummel, Gert (Hrsg.) (2015): God and Being/ Gott und Sein. The Problem of Ontology in the Philosophical Theology of Paul Tillich/Das Problem der Ontologie in der Philosophischen Theologie Paul Tillichs. (Reprint von 1989): Berlin: De Gruyter. Daher ist Kunst eben immer auch eine re-mythisierende Arbeit an der Wahrheit des Mythos. Zum Mythos bei Paul Tillich

8. Fazit: Wahrheit und Geschichte

den Jin-Ho Suh trotz und durch seine werkgeschichtliche Methode der Re-Konstruktion ebenso abzielt, als Paraphrase herausarbeiten.

Was ist das Fazit in Bezug auf die Hypothese eines Systemkerns des Werkes von Paul Tillich? Es ist die prozessontologisch gedachte Möglichkeit der Wahrheit der humangerechten Form im geschichtlichen Leben der Menschen im Geiste der Substanz des Unbedingten.

8.1 Modallogik der Wahrheit in der Geschichte

Um ein Fazit zu ziehen, will ich eine interpretative Möglichkeit anführen, die ich, obwohl sie im argumentativen Erzählfluss der vorliegenden Abhandlung schon vorher hätte platziert sein können, hier nun skizzieren möchte. Sie betrifft die hintergründigen Implikationen der Korrelationsmethode, die als Methode von Paul Tillich methodologisch durchdacht war.

Eine Korrelation (im Sinne der statistischen Sozialforschung) ist nicht zwingend mit Kausalität verbunden. Zwei Konstruktvariablen mögen statistisch zusammenhängen: Die Frage ist: Warum und wieso, und – bei Steigerung der Tiefe der detektivischen Suche – in welcher Weise? Das Werk von Paul Tillich ist die Antwort auf diese Frage: Denn hinter der Korrelation steckt ein komplexer generativer Mechanismus der Performativität der Welt, wie sie sich jeweils zu einem geschichtlichen Zeitpunkt zeigt. Ich will das nun nochmals – wenngleich nur skizzenhaft – explizieren. Als Sozialwissenschaftler habe ich ein Gespür für die Metaphysik des Prozessgeschehens, aber ich bin in der Fähigkeit, mich als Sozialwissenschaftler wirklich nachhaltig und effektiv in diese ontologischen Komplexitäten einzulassen, doch deutlich limitiert.

Das Sein existiert immer nur im Modus des – das ist die Domäne der Erfahrungswissenschaft, die aber ontologisch oftmals blind bleibt – Seienden. Dennoch kann die Ontologie aufklären helfen über die Struktur und des Sinns des Seins. Paul Tillich als Theologie bringt nun die These ein, das Sein sei als ein teleologischer Sinn zu verstehen, also als ein Sinn, der sich in die Geist-Funktion der Kultur als diffundierende objektive Idee einschreiben kann. So gesehen ist es – als Potenzial – eine Selbst-Offenbarung des Seins. Die Kultur ist nun das Verbindungsstück, das Scharnier zum Menschen als Individuum, dass diese objektive Idee transportieren

---

vgl. aber auch Danz, Christian/Schüßler, Werner (Hrsg.) (2014): Die Macht des Mythos. Das Mythosverständnis Paul Tillichs im Kontext. Berlin: De Gruyter.

kann. Ob es sich aber einschreibt als Pneuma in Geist, Seele und Körper des Menschen, das hängt von der Offenheit und der Fähigkeit zur Selbsttranszendenz des Menschen ab. Er ist in seinem Eros aus seiner aktiven Passivität der Responsität heraus gefragt.

Jetzt wird der generative Mechanismus hinter der Abstraktion der methodischen Figur der Korrelation deutlich: Die berühmten, weil sog. zwei Seiten der Medaille müssen konvergieren bis hin in die Form der Interpenetration hinein. Der Ort – als Raum in der Zeitlichkeit der Geschichte – der Interpenetration ist die Kultur, auf die sich die Theologie von Paul Tillich bezieht.

8.2 Gestaltmetaphysik der Geschichte

Subjekt und Objekt, Mensch und Kultur (Kultur in der Geist-Funktion des Sinns des Seins) treffen sich in einer Mitte:

Mensch → | Mitte der interpenetativen Begegnung als Faltung | ← Kultur,

verweben sich und kommen dergestalt zur Ausdrucksgestalt: eine Gestaltmischung hin zum seienden Sein. Diese Mitte ist aber die Mitte zwischen der Mitte von Mensch und Kultur und der Mitte zwischen Kultur und Sinn-Telos:

(Mensch + Kultur) | + | (Kultur + Sinn-Telos).

Diese Gestaltmetaphysik[532] thematisiert die Kultur als partielle Mitte als Mitte ($pM1$) von Mensch und Kultur und der partiellen Mitte ($pM2$) von Kultur und Sinn-Telos, also die absolute Mitte (aM) zweier partieller Mitten (pM):

$pM1 → aM ← pM2$.

Die Wirklichkeit der Möglichkeit von aM hängt von der erfolgreichen Aktualgenese (A) der aktiven Passivität (aP) der menschlichen Selbsttranszendierung ($A → aP$) in Bezug auf die Entfaltungs-Raum-Eröffnung der Kultur ab. Dies deshalb, weil die personale Selbsttranszendierung eines Raumes

---

532 Jahr, Hannelore (1991): Theologie als Gestaltmetaphysik. Die Vermittlung von Gott und Welt im Frühwerk Paul Tillichs. Berlin/New York: de Gruyter.

8. Fazit: Wahrheit und Geschichte

der Entfaltung des sich selbst als ein Selbst transzendierenden Menschen hin auf das Andere bedarf[533], damit

(1) *pM2* (partiale Einheit von Sinn-Telos und Kultur)

und

(2) *pM1* (partiale Einheit von Mensch und Kultur)

in der Mitte des Telos-Sinns des Seinszusammenhangs (*aM*) zur holistischen Interpenetration (•) kommen.

Damit ist es möglich, dass die Einheit einer synthetischen Ausdrucksgestalt (*AG*) als Wahrheit des seienden Seins (*W*) in der Immanenz (*I*) der Kultur (*K*) des Menschen (*M*) in der Geschichte (*G*) wirklich wird, wobei *f* als Funktion immer Performativität (*P*) dieser generativen Synthese (*gS*) zu verstehen ist:

Die Dynamik der Faltung von Subjekt und Sinn im Medium der Kultur: $$gS$$ $$=$$ $$\{\alpha \rightarrow \bullet \leftarrow \Omega\}$$ $$=$$ $$(pM1 = f\,[A \rightarrow aP])$$ $$\downarrow \; = f(\alpha)$$ $$\mathbf{aM}$$ $$\uparrow \; = f(\Omega)$$ $$(pM2 \rightarrow AG = f\,(W\,[I\,\text{der}\,KMG]))$$ $$\downarrow$$ $$P$$

Dabei ist die Alpha-Perspektive (α) die der subjektiven Selbsttranszendenz des post-cartesianischen Subjekts der Responsität, und die Ω-Perspektive ist die des Sinn-Telos als Möglichkeitsraums (MRdW) der Wahrheitsentfaltung des Seins des personalen Menschen (in seiner Würde) in der Geschichte[534]:

$$\alpha: \text{Mensch} \rightarrow MRdW \leftarrow \text{Sinn}: \Omega.$$

---

533 Prinz, Wolfgang (2013): Selbst im Spiegel. Die soziale Konstruktion von Subjektivität. Frankfurt am Main: Suhrkamp.
534 Bloch, Ernst (1985): Naturrecht und menschliche Würde. 4. Aufl. Frankfurt am Main: Suhrkamp.

Die »α →|•|← Ω«-Figuration ist das geschichtliche Ort-Zeit-Geschehen der Wahrheit in der Geschichte. Paul Tillich ist genau diesen Schritt gegangen: vom Subjekt der cartesianischen Vernunft zum konkreten – lebendigen – Menschen.[535]

8.3 Ent-Faltung hin zur Agape

Man wird hierbei auch die Metapher der Faltung (= ||) theoretisch angemessen verstehen müssen. Die Frage lautet: Was ist denn dieses Telos als Sinn, der sich (als Ω-Perspektive) als Möglichkeit in der Geschichte als Raum (der α-Perspektive) entfalten kann, weil es eine Kraftquelle ist: Es ist die Idee der Liebe[536]. Die Agape – ohne hier in die einschlägige religionsgeschichtliche und theologische Auslegungstheoriegeschichte einzusteigen – ist ein fundamentalontologisches Prinzip[537], dem der *homo donans* folgen kann im ewigen Kampf mit dem *homo abyssus*.[538] Beide sind die Eckbezugspunkte einer Polaritätsordnung der *conditio humana*.[539]

Die Agape wird im Rahmen der Theorie der Faltung als Grundlage der Auslegung der Korrelation eben nicht als göttliche Liebe verstanden, sondern als Einheit der Begegnung der menschlichen Liebe im Raum des Zwi-

---

535 Rösler, Tabea (2013): Paul Tillichs vieldimensionale Anthropologie. Von der Cartesianischen Vernunft zur lebendigen Person. Göttingen: Vandenhoeck & Ruprecht
536 Dazu nochmals in Haigis, Peter/Nord, Ilona (Hrsg.) (2013): Tillich-Preview 2013. „Theologie der Liebe" im Anschluss an Paul Tillich. Münster u. a.: LIT.
537 Anregend, mit aber zu sehr auf einseitige (Omega ohne Alpha) Offenbarungsontologie abstellend: Knauber, Bernt (2006): Liebe und Sein. Die Agape als fundamentalontologische Kategorie. Berlin-New York: de Gruyter.
538 Vgl. auch, aber deutlich entfernt von der skizzierten Korrelationsmethode einer onto-anthropologischen Wende in der Selbstoffenbarung des Seins: Ulrich, Ferdinand (2022): Homo Abyssus. Das Wagnis der Seinsfrage. 3. Aufl. Freiburg i. Br.: Johannes Verlag Einsiedeln. Dazu auch Tour, Marine de la (2016): Gabe im Anfang. Grundzüge des metaphysischen Denkens von Ferdinand Ulrich. Stuttgart: Kohlhammer. Allerdings wird er auch so rezipiert, dass seine Metaphysik der Gabe die Horizontalisierung der Gabe in der Gewebestruktur von Ich-Du-Wir entfaltet: vgl. etwa Oster, Stefan (2016): Mit-Mensch-Sein. Phänomenologie und Ontologie der Gabe bei Ferdinand Ulrich. 2. Aufl. Freiburg i. Br./München: Alber. Ferner auch Feiter, Reinhard (1994): Zur Freiheit befreit. Apologie des Christlichen bei Ferdinand Ulrich. Würzburg: Echter sowie Bieler, Martin (1991): Freiheit als Gabe. Ein schöpfungstheologischer Entwurf. Herder: Freiburg i. Br. u. a.
539 Zur onto-anthropologischen Grammatik der Polarität vgl. Guardini, Romano (2019): Der Gegensatz. Versuche zu einer Philosophie des Lebendig-Konkreten. 5. Aufl. Mainz: Matthias-Grünewald.

8. Fazit: Wahrheit und Geschichte

schenmenschlichen einerseits und der objektiven Idee der Liebe als Geist-Funktion der Kultur, die sich als unbedingt versteht, andererseits. Dies wird – ritualtheoretisch gesehen mit Blick auf die liturgische Ökonomik der Gabe (im Opfer[540]) und der solidarischen Reziprozität – überaus deutlich, wenn es um eine Agape-Feier geht, aber nicht als Opfer als Herrenmahl, sondern als profanes Sättigungsmahl im Kontext von Solidarität.[541]

---

540 Bereits in Schulz-Nieswandt, Frank (2003): Herrschaft und Genossenschaft. Zur Anthropologie elementarer Formen sozialer Politik und der Gesellung auf historischer Grundlage. Berlin: Duncker & Humblot. Dazu sodann auch Schulz-Nieswandt, Frank (2007): Kulturelle Ökonomik des Alterns. Zum Umgang mit dem Alter im Generationengefüge zwischen archetypischer Ethik und Knappheitsökonomik. In: Teising, Martin u. a. (Hrsg.): Alt und psychisch krank. Diagnostik, Therapie und Versorgungsstrukturen im Spannungsfeld von Ethik und Ressourcen. Stuttgart: Kohlhammer: S. 31-54.
541 Schulz-Nieswandt, Frank (2018): Morphologie und Kulturgeschichte der genossenschaftlichen Form. Baden-Baden: Nomos sowie in Schulz-Nieswandt, Frank/Moldenhauer, Joschka (2023): Tischgenossenschaft und Genossenschaft der Tische. Eine kleine Morphologie der Miteinander-Gabe und der Für-Gabe für Andere als Formen sozialer Beziehungen Berlin u. a.: LIT.

9. Ausblick (I) Die Wahrheit der genossenschaftlichen Form

Ein erster Ausblick soll die Perspektive des religiösen Sozialismus als Resultante des Werkes von Paul Tillich aufgreifen und spezifizieren, dies mit einem Fokus auf die Idee der genossenschaftlichen Form als humanistische Perspektive.

9.1 Das Symbol als idealtypisches »als-ob« und die transzendentale Offenheit der Responsität

Denkt man dieses Unbedingte nicht als absoluten Gott, wenngleich Tillich davon ausgeht, dass es hinter dem Symbol Gott einen Gott gibt, den wir nur nicht begreifen können als das Ganz Andere, und den wir deshalb immer nur als Symbol haben, sondern eben nur (1) als post-theistisches Symbol für eine kognitive, wenngleich leidenschaftliche Imagination der unbedingten Liebe als idealtypisches »als-ob«, und somit (2) als Idee der heiligen Ordnung des Menschen in seiner personalen Würde im Modus des gelingenden sozialen Miteinanders in der transzendentalen Verankerung in einem eidgenössischen Bund dieser heiligen Idee, dann gelingt (3) die soziale Freiheit als Miteinanderfreiheit in Miteinanderverantwortung, deren humangerechte Passungsoptimalität in der genossenschaftlichen Form[542] zu finden ist. Denkt man das Miteinander in der inneren Grammatik als soziale Geometrie der Form des Gegenseitigkeits-Typus der Solidarität, so ist in der Tat (4) die Genossenschaftsartigkeit der Ausdrucksgestalt ontologisch begründet.

---

542 Vgl. die Aufarbeitungen in Schulz-Nieswandt, Frank (2018): Morphologie und Kulturgeschichte der genossenschaftlichen Form. Baden-Baden: Nomos sowie in Schulz-Nieswandt, Frank/Moldenhauer, Joschka (2023): Tischgenossenschaft und Genossenschaft der Tische. Eine kleine Morphologie der Miteinander-Gabe und der Für-Gabe für Andere als Formen sozialer Beziehungen Berlin u. a.: LIT. Im Lichte der Methodologie der sozialen Morphologie vgl. auch in Blome-Drees, Johannes/Göler von Ravensburg, Nicole/Jungmeister, Alexander/Schmale, Ingrid/Schulz-Nieswandt, Frank (Hrsg.) (2024): Handbuch Genossenschaftswesen. Wiesbaden: Springer VS.

9. Ausblick (I) Die Wahrheit der genossenschaftlichen Form

9.2 Auf der Spur zur wahren Form

Dabei geht es hier nun zunächst weniger (aber sodann doch auch) um die gemeinwirtschaftliche[543] Perspektive, sondern um die kulturelle Grammatik[544] der sozialen Form. In diesem Sinne habe ich bereits in früheren Schriften[545] Anregungen im Werk von Paul Tillich gefunden und sie später ausgebaut.

Bis zu meiner eigenen »Kehre«[546] hatte ich im Lichte des Kritizismus der Gerhard Weisser-Schule des freiheitlich-ethischen Sozialismus meine Sozialpolitiklehre und – eher daneben stehend – die Gemeinwirtschaftslehre als zwei getrennte, wenngleich zusammenhängende[547] Säulen der Gesellschaftspolitiklehre als Lehre von der Politik als »Daseinsgestaltung«[548]

---

543 Schulz-Nieswandt, Frank (2021): Gemeinwirtschaft. Grundriss einer Morphologie der dualen Wirtschaft. In memoriam Theo Thiemeyer (1929-1991). Berlin: Duncker & Humblot; Schulz-Nieswandt, Frank (2022): Der »Dritte Weg« als gleichgewichtiges Anziehungszentrum. Sozialontologische Geometrie und Psychodynamik der Gemeinwirtschaft im Werk von Werner Wilhelm Engelhardt. Berlin: Duncker & Humblot; Schulz-Nieswandt, Frank (2020): Gemeinwirtschaft und Gemeinwohl. Baden-Baden: Nomos; Schulz-Nieswandt, Frank (2020a): Die Genossenschaftsidee und das Staatsverständnis von Hermann Schulze-Delitzsch (1808-1883) im Kontext des langen 19. Jahrhunderts der Sozialreform. Berlin: Duncker & Humblot.

544 Dazu auch in Schulz-Nieswandt, Frank (2023): Daseinsthematische Polaritäten in „Warrior Cats" (Staffel 1). Eine kulturgrammatische und psychodynamische Analyse. Baden-Baden: Nomos.

545 Schulz-Nieswandt, Frank (2006): Die Unbedingtheit der Gabeethik und die Profanität der Gegenseitigkeitsökonomie. Die genossenschaftliche Betriebsform als Entfaltungskontext der menschlichen Persönlichkeit im Lichte einer Form-Inhalts-Metaphysik. In: Rösner, Hans Jürgen/Schulz-Nieswandt, Frank (Hrsg.): Zur Relevanz des genossenschaftswissenschaftlichen Selbsthilfegedankens. Münster u. a.: LIT: S. 57-92 sowie Schulz-Nieswandt, Frank (2014): Onto-Theologie der Gabe und das genossenschaftliche Formprinzip. Eine Phänomenologie des Weges zum genossenschaftlichen Miteinander im Lichte der Dialektik von Identität und Alterität. Baden-Baden: Nomos.

546 Schulz-Nieswandt, Frank (2021): Meine Metaphysik-Kehre im Lichte der gemeinsamen Lehre mit Wolfgang Leidhold. In: Mandel, Claudius/Thimm, Philipp (Hrsg.): Experience - Implikationen für Mensch, Gesellschaft und Politik. Würzburg: Königshausen & Neumann: S. 199-217.

547 Vgl. etwa Schulz-Nieswandt, Frank/Thimm, Philipp (2023): Wirtschaftsorganisationsrecht und Organisationskultur in der Langzeitpflege. Berlin u. a.: LIT.

548 Vgl. auch Schulz-Nieswandt, Frank (2016): Im alltäglichen Labyrinth der sozialpolitischen Ordnungsräume des personalen Erlebnisgeschehens. Eine Selbstbilanz der Forschungen über drei Dekaden. Berlin: Duncker & Humblot.

9. Ausblick (I) Die Wahrheit der genossenschaftlichen Form

verstanden und betrieben (mit bestimmten Themensetzungen[549]). Nun gliedert sich die Lebenslagen-bezogene Sozialpolitikforschung[550] vielmehr ein in die Forschung zur Genossenschaftsidee, in der sich vieles bündelt, nicht nur als »Sozialpolitik von unten«[551] als Teil der gemeinwirtschaftlichen Fokussierung auf eine humangerechte Bedarfsdeckungswirtschaft als demokratische Sorgearbeit im Zusammenspiel von sozialem Rechtsstaat und Zivilgesellschaft als »Commoning« – als soziales Lernen als Modus der generativen Annäherung an das Noch-Nicht der konkreten Utopie in der Sphäre der Polis[552] – im Kontext kommunaler Daseinsvorsorge.

Hier ist sodann jedoch auch nicht der Ort, die Zukunftsfragen der genossenschaftlichen Idee[553] (in einem breiteren morphologischen Horizont[554]) zu diskutieren.[555]

---

549 Vgl. u. a. Schulz-Nieswandt, Frank (2023): Integrierte Versorgung als humangerechte Mutation der Medizinkultur. Das Elend einer Selbstblockierung eines kranken Sektors. Berlin u. a.: LIT sowie Schulz-Nieswandt, Frank (2023): Die Europäische Union und die Eule der Minerva. Berlin u. a.: LIT sowie Schulz-Nieswandt, Frank/Köstler, Ursula/Mann Kristina (2021): Kommunale Pflegepolitik. Eine Vision. Stuttgart: Kohlhammer sowie Schulz-Nieswandt, Frank/Köstler, Ursula/Mann, Kristian (2022): Gestaltwerdung als Gelingen der Daseinsführung im Lebenszyklus. Das Erkenntnisinteresse der Kritischen Wissenschaft von der »gerontologischen Sozialpolitik«. Baden-Baden: Nomos.
550 Zur Perspektive der Sozialpolitik: Schulz-Nieswandt, Frank/Köstler, Ursula/Mann (2021): Sozialpolitik und ihre Wissenschaft. Berlin u. a.: LIT.
551 Bereits in Schulz-Nieswandt, Frank (2003): Herrschaft und Genossenschaft. Zur Anthropologie elementarer Formen sozialer Politik und der Gesellung auf histo rischer Grundlage. Berlin: Duncker & Humblot, sodann vor allem auch mit Bezug auf Werner Wilhelm Engelhardt: Schulz-Nieswandt, Frank (2022): Der »Dritte Weg« als gleichgewichtiges Anziehungszentrum. Sozialontologische Geometrie und Psychodynamik der Gemeinwirtschaft im Werk von Werner Wilhelm Engelhardt. Berlin: Duncker & Humblot.
552 Die als Sphäre der Wirklichkeit wohl Schelling weniger interessiert hat als die weiteren Sprünge der Selbsttranszendenz, um dergestalt die Subjekt-Objekt-Relation umzukehren, und um den fundamentalontologischen »Grund« der Ermöglichung von Subjektivität zu verstehen: Hühn, Lore/Schwenzfeuer, Sebastian (Hrsg.) (2022): „Wir müssen also auch über den Staat hinaus!" Schellings Philosophie des Politischen. Baden-Baden: Nomos.
553 Vgl. nochmals Schulz-Nieswandt, Frank (2024): Genossenschaft, Sozialraum, Daseinsvorsorge. Die Wahrheit der Form und ihr Wirklich-Werden in der Geschichte im Ausgang von Paul Tillich. Baden-Baden: Nomos (i. D.).
554 Schulz-Nieswandt, Frank/Thimm, Philipp (2023): Morphologie und Metamorphosen des Dritten Sektors. Die Entelechie der Gemeinwirtschaft in der wirtschaftsorganisationsrechtlichen Disziplinarordnung. Berlin: Duncker & Humblot.
555 Vgl. u. a. Schulz-Nieswandt, Frank (2021): Kardinalfragen einer zukünftigen Wissenschaft heterotoper Gemeinwirtschaft. In: Zeitschrift für Gemeinwirtschaft und

9. Ausblick (I) Die Wahrheit der genossenschaftlichen Form

9.3 Grenzgänge zwischen Philosophie und Theologie?

Die Hoffnung auf die Möglichkeit dieses Erlernens der Annäherung an das Noch-Nicht als Telos der Geist-erfüllten Immanenz der Geschichte des Menschen war das Thema des Werkes von Paul Tillich und macht ihn und sein Denken zur überaus anregenden Quelle des a-theistischen Humanismus. Er selbst handelte sich – ähnlich wie Romano Guardini[556] oder auch Hans Urs von Balthasar[557] in der katholischen Theologie – den Ruf des Grenzgängers zwischen Philosophie und Theologie ein.[558] Das klingt nach Hybris, Verrat, Sünde: So war es von der Dogmatik der Orthodoxie der Kirche – meine Kinder schicke ich dort nicht hin – auch meist gemeint.

Sollte Paul Tillich wirklich die Theologie – eingefügt und untergeordnet – in einem System der wissenschaftlichen Disziplinen diskutiert haben?[559] Und wenn ja, wäre das die Eintrittskarte in den Hades? Paul Tillich fühlte sich auch auf der Grenze, somit zwischen den Welten. Diese Prädikation der Hybridität verweist jedoch auf die Grammatik der Reinheit[560], die – eine ur-alte Kategorie der Kulturanthropologie und demnach heute nach

---

Gemeinwohl 44 (1): S. 135-143; Schulz-Nieswandt, Frank (2023): Konturen eines transformativen Rechts mit Blick auf die Förderung einer Gemeinwohlökonomie. In: Nothdurfter, Urban u. a. (Hrsg.): Promoting Social Innovation and Solidarity Through Transformative Processes of Thought and Action. A Lifetime for Social Change – Tribute to Susanne Elsen. Bozen: Bozen University Press: S. 47-55.

556 Lerch, Lea (2023): Romano Guardini und die Ambivalenz der Moderne. Liturgische Bewegung und Gesellschaftsreform in der Weimarer Republik. Paderborn: Brill/Schöningh.

557 Lochbrunner, Manfred (2019): Hans Urs von Balthasar (1905-1988). Die Biographie eines Jahrhunderttheologen. Würzburg: Echter.

558 In der Tat kann man re-konstruieeen, wie sich Paul Tillich mit vielen Positionen der Philosophiegeschichte auseinandergesetzt hat, vor allem auch mit den Klassikern des Idealismus und anderen Positionen in diesem Umkreis und in der Folgeentwicklung, so mit Hegel, Fichte, sodann mit Schelling, auch mit Schleiermacher, Schopenhauer, Nietzsche u.v.a.m. Ich will hier gar nicht den Versuch machen, hier enzyklopädisch das Relationengefüge zu re-konstruieren. Die Sekundärliteratur dazu ist reichlich vorhanden.

559 Schupp, Franz. (1968): Der Ort der Theologie im System der Wissenschaften bei Paul Tillich. In: Zeitschrift für katholische Theologie 90 (4): S. 451-461.

560 Burschel, Peter/Marx, Christoph (Hrsg.) (2011): Reinheit Wien: Böhlau Wien sowie Groebner, Valentin (Autor (2019): Wer redet von der Reinheit? Eine kleine Begriffsgeschichte. Wien: Passagen. Ferner: Malinar, Angelika/Vöhler, Martin (Hrsg. (2009): Un/Reinheit im Kulturvergleich. Konzepte und Praktiken im Kulturvergleich. München: Fink.

9. Ausblick (I) Die Wahrheit der genossenschaftlichen Form

wie vor bedeutsam in der Schaffung von distinktiver Ordnung[561] – immer noch der dogmatischen Theologie als Merkmal einer Ordnung epistemischer Gewalt inkorporiert ist.[562] Mir wäre ja diese systematische Einordnung als eine Unterordnung analytisch problemangemessen, doch zeigen sich hier normativ die Ausgrenzungspraktiken der theologische Doxa gegenüber der unterstellten Hybris des heterodoxen Denkens. Wo bleibt hier die viel zitierte – nicht nur mitleidig lächelnd aus der Haltung barmherziger Generosität von oben herab gewährte – Liebe? Von oben herab: Sich buckelnd, obwohl sich eigentlich das Objekt dieses fürsorglichen Mitleids krümmen muss.

Doch Paul Tillich war ein inter-religiös offener christliche Theologe. Es glaubte an einem Gott als ein vom Menschen nie wirklich verstehbares Ganz Anderes hinter dem Symbol Gott als einzigen Modus, wie der Mensch über Gott denken und reden kann. Ich sehe aber keinen Grund, der mich hindert, nur am Symbol festzuhalten. Die semiotische Theorie zwingt mich jedoch, das Signifikante des Symbols auf ein Signifikat zu beziehen. Dies denke ich als Idealtypus des »als-ob« eines objektiven Geistes, der die Kultur pneumatisch mit einer Sinn-Funktion beseelt.

Natürlich stimmt die Ludwig Feuerbach[563]-These von einem kollektiven Verständnis von Geschichte als ein Tun der figurativen Aufstellung der Menschen: Sie selbst sind in ihrer Interdependenz des Schicksalszusammenhang die Praxis der sozialen Konstruktion symbolischer Wirklichkeit. Die Möglichkeit, hinter dem Symbol Gott den eigentlichen Gott als das Ganz Andere zu denken, gehört wiederum zum Reich des an die Sprache gebundenen, durchaus vom ganzen System der Sinnlichkeit[564] getragenen Denkraums der Imagination. Eine solche kognitive Theorie der Existenz Gottes erweist sich in verborgener Weise als funktionalistisch: Diese Imagination macht Sinn, weil sie eine Möglichkeit ist, den eigenen ontologischen

---

561 Burschel, Peter (2014): Die Erfindung der Reinheit. Eine andere Geschichte der frühen Neuzeit. Göttingen: Wallstein.
562 Ich kann mich eben von der Beobachtung der traumatischen Wirkung einer depersonalisiernden Kirchendogmatik und ihrer Praxis nicht freimachen: vgl. dazu auch Schulz-Nieswandt, Frank (2020): Heinrich Federer (1866–1928). Soziogramm und Psychoanalyse eines leidvollen Lebens. Würzburg: Königshausen & Neumann. Vgl. auch Mayer-Tasch, Peter Cornelius (2023): Von Glanz und Elend der Gnade. Ein Beitrag zur Politischen Theologie. Regensburg: Pustet.
563 Weckwerth, Christine (2002): Ludwig Feuerbach. Zur Einführung. Hamburg: Junius Verla.
564 Jeske, Michael (2012): «Sensualistischer Pantheismus». Seine heuristische Bedeutung im Werk Ludwig Feuerbachs. Frankfurt am Main: Lang.

9. Ausblick (I) Die Wahrheit der genossenschaftlichen Form

Grund als Anker des Daseins in unbedingter Weise zu denken, um – auch hier wiederum nicht unähnlich zur Theoriebildung bei Arnold Gehlen[565] – die Kontingenz[566] der eigenen unsicheren Bedingtheit einen einbettenden Halt und eine dynamische Orientierung zu geben.[567]

---

565 Ley, Friedrich (2009): Arnold Gehlens Begriff der Religion. Ritual - Institution - Subjektivität.Tübingen: Mohr Siebeck.
566 Holzinger, Markus (2007): Kontingenz in der Gegenwartsgesellschaft. Dimensionen eines Leitbegriffs moderner Sozialtheorie. Bielefeld: transcript.
567 Krech, Volkhard (2021): Die Evolution der Religion. Ein soziologischer Grundriss. Bielefeld. transcript.

10. Ausblick (II): Der genossenschaftliche Sozialraum als humangerechter Weg in die konkrete Utopie

Wenn man den freiheitlichen Sozialismus, der sich aus der Metaphysik des Unbedingten als Heiligkeit der Idee der Person in seiner Verankerung in der Heiligkeit des Bundes der Zivilgesellschaft in Bezug auf die Gestalt des sozialen Rechtsstaates entfaltet, weiterdenkt, so kristallisiert sich die Folgeidee heraus, den Menschen in seiner Bedürftigkeit der Einbettung in einen Sozialraum – der Netze seiner lokalen Lebenswelten und den Netzen seiner regionalen professionellen Infrastruktur – zu erkennen. Damit ist der Alltag in seiner ganzen Totalität gemeint. Der Diskurs fokussiert sich allerdings angesichts der Vulnerabilität des Menschen auf die Handlungsfelder der Sozialpolitik als Teil der gestaltenden Gesellschaftspolitik, bei der die Raumordnungspolitik sowie die Zusammenhänge mit verschiedenen Teilen der Wirtschaftspolitik (Wohnungspolitik, Mobilitätspolitik, Arbeitsmarktpolitik, Familienpolitik etc.) eine Rolle spielen.

10.1 Was ist sozialer Fortschritt als Innovation?

Die Weiterentwicklung des Sozialsektors[568] als Ort der Sorgearbeit (allgemein[569], aber auch insbesondere in Medizin, Pflege usw.[570] im Umfeld des Wohnens etc.[571]) ist geprägt von einem Diskurs der sozialen Innovationen. Die Frage ist allerdings anders und weiter zu stellen und in gründlicher

---

568 Schulz-Nieswandt, Frank/Thimm, Philipp (2023): Morphologie und Metamorphosen des Dritten Sektors. Die Entelechie der Gemeinwirtschaft in der wirtschaftsorganisationsrechtlichen Disziplinarordnung. Berlin: Duncker & Humblot sowie Schulz-Nieswandt, Frank/Thimm, Philipp (2023): Wirtschaftsorganisationsrecht und Organisationskultur in der Langzeitpflege. Berlin u. a.: LIT.
569 Schulz-Nieswandt, Frank (2015): Zur Zukunft der Sorge. In: Case Management 12 (3): S. 146-150.
570 Vgl. zum Verständnis auch Schulz-Nieswandt, Frank (2016): Hybride Heterotopien. Metamorphosen der „Behindertenhilfe". Ein Essay. Baden-Baden: Nomos sowie Schulz-Nieswandt, F. (2010): Eine Ethik der Achtsamkeit als Normmodell der dialogischen Hilfe- und Entwicklungsplanung in der Behindertenhilfe. Köln: Josefs-Gesellschaft,
571 Schulz-Nieswandt, Frank/Köstler, Ursula/Mann Kristina (2021): Kommunale Pflegepolitik. Eine Vision. Stuttgart: Kohlhammer.

10. Ausblick (II): Der genossenschaftliche Sozialraum als humangerechter Weg

Tiefe zu beantworten: Was ist sozialer Fortschritt? Oder: Wann ist eine Innovation innovativ?

Wenn Innovationen mit Evidenz-Basierung gefördert werden soll, so stellt sich die Frage, welche Kriterien zur normativen Evaluierung herangezogen werden.[572] Hier[573] soll nun diese Frage in theoretisch grundlegender

---

572 Die methodische Grundlage – das ist der Forschungskontext im Hintergrund (Schulz-Nieswandt, Frank/Rehner, Caroline u. a. [2023]: Innovationen in der Sozialpolitik des Alterns. Eine kritische Vermessung innovativen Wandels, Stuttgart: Kohlhammer) – der kritischen, problematisierenden Sicht auf Innovationen resultiert aus einem Entwicklungsprojekt des KDA, das infolge eines entsprechenden Projektantrages vom DHW der Deutschen Fernsehlotterie genehmigt wurde und in den Jahren 2021 und 2022 umgesetzt worden ist. Es wurde ein komplexer, mehrschichtiger und vieldimensionaler, Indikatoren-gestützter »Index für Innovation« entwickelt. Der »Index für Innovationen« als Methode wird als »Index Sozialer Innovation für das Altern« im Rahmen einer breiten und tiefen theoretischen und normativ-rechtlichen Herleitung in Form einer umfänglichen Darlegung und Erläuterung der gesamten Logik, Architektur, Funktionsweise und Nutzungsperspektive an anderer Stelle expliziert. Der Index wird nun augenblicklich in einem zweiten DHW/KDA-Projekt (2023-2024) bis hin zur praktischen Nutzbarkeit implementiert. Das Instrument wird aber auch zugleich als »Commoning« bedeutsam als frei zugängliches Gemeingut, um als Methode später in die öffentlich bedeutsame Nutzungspraxis und vielleicht auch in eine Veränderung der Sichtweisen und der Denkwege und somit in die Veränderung der Kultur der sozialen Praktiken nachhaltig wirksam eingehen zu können. Der Index ist ein komplexes mehr-stufiges Instrument, der in umfangreichen Items-Batterien in Modus von Reflexionsfragen für eine Fülle von Indikatoren für verschiedene Merkmale verschiedener Bereiche und Handlungsfelder ausmündet. Diese Items-Kataloge dienen der selbstreflexiven, diskursiven und insofern lernenden Einschätzung von Ideen, Projekten, können aber auch zur Selbstanalyse von Organisationen mit Blick auf ihre strategische Aufstellung genutzt werden. Leicht lässt sich der Index auch auf die Zielgruppen und Bedarfslagen in allen Phasen des Lebenszyklus von Menschen anpassend beziehen. Die außerordentliche Leistung der Methodologie des Index-Instrumentes besteht nun darin, die Werte-orientierten Vermessungen in einem mehrschichtigen bzw. mehrstufigen System von Bereichen, Dimensionen und Merkmalen zu Fragebatterien als Items der Indikatoren konkretisiert werden, so dass es möglich ist, die Objekte der Vermessung ohne Verlust an Validität in kommunikativer Validierung mit Blick auf eine hinreichende Reliabilität zu analysieren und zu diskutieren. Die Vermessung der Innovativität von Innovationen knüpft sich an die kritische Nachfrage, ob und inwieweit das »Neue« einen Beitrag zur Werte-fundierten personalen Lebensqualität leistet. Damit ist ein Beitrag gemeint, der sich nicht nihilistisch am reinen Markterfolg orientiert, aber eben auch nicht einem Werte-Relativismus folgt, weil die Werte-Orientierung sich an einer Philosophischen Anthropologie der *conditio humana* im Lichte kritischer Theorie orientiert.
573 Vgl. insgesamt auch Schulz-Nieswandt, Frank (2024): „Das Leben ändern als ein Werden in wachsenden Ringen. Ein Essay zur Möglichkeit, über »Fortschritt« sinnvoll zu reden. Berlin Duncker & Humblot (i. D.).

10. Ausblick (II): Der genossenschaftliche Sozialraum als humangerechter Weg

Art und Weise aufgegriffen werden. Es geht um eine anthropologische Fundierung und um rechtsphilosophische und ethische Konsequenzen. So soll es nicht um beliebige private Meinungsbildung[574] gehen, sondern um den hinreichenden Grund, dessen Autorität sich aus dem Geist der relevanten Rechtsregime ergibt. Dies ist deshalb kein reiner Rechtspositivismus, weil sich alles um die personalistische Naturrechtslehre des überpositiven Rechts – mit Bydlinski[575] könnte man auch von »vorpositiven« Leitprinzipien der Gerechtigkeit sprechen – als dem archimedischen Ankerpunkt dreht.

10.2 Kapitalismus als Religion

An der Oberfläche geht es um kritische Narrative, vor allem in der Art eines Kapitalismus-kritischen Narrativs. Das Narrativ ist nicht falsch, aber eben nur negativ. Was wäre die positive Perspektive? Der Blick auf die Innovationen sieht im Wirtschaftsleben den Mythos des ewigen Kreislaufes der Erneuerung des Neuen als Todestrieb von Geburt und Tod als Logik des Akkumulationsregimes, das auf Wachstum setzt und im Bruttoinlandsprodukt einen hinreichenden Indikator für Wohlstand – sofern insbesondere die negativen Externalitäten der sozialen Kosten des Wachstums reguliert werden – zu erkennen glaubt.[576] Es ist ein altes Thema im Marxismus und in der Kritischen Theorie, dieser Logik des Wirtschaftens einen gewissen religiösen Charakter zuzuschreiben: Wunschmaschine (der Nachfrage) trifft auf Gottmaschine (Angebot) im digitalisierten Wachstumsfetischismus in der animistischen Warenästhetik.[577]

---

574 Bermes, Christian (2022): Meinungskrise und Meinungsbildung. Eine Philosophie der Doxa. Hamburg: Meiner.
575 Bydlinski, Franz (2015): Der Begriff des Rechts. Zur Notwendigkeit einer Ergänzung des Gesetzesrechts durch „vorpositive" fundamentale Gerechtigkeitsprinzipien. Wien: Verlag Österreich.
576 Schulz-Nieswandt, Frank/Chardey, Benjamin/Möbius, Malte (2023): Zur Kritik der innovativen Vernunft. Der Mensch als Konjunktiv. Baden-Baden: Nomos.
577 Schulz-Nieswandt, Frank (2019): Die Formung zum Homo Digitalis. Ein tiefenpsychologischer Essay zur Metaphysik der Digitalisierung. Würzburg, Königshausen & Neumann.

10. Ausblick (II): Der genossenschaftliche Sozialraum als humangerechter Weg

Doch geht es nicht nur um eine radikale Kritik der (paternalistischen[578] oder externen[579]) Negativität[580]; es muss auch möglich sein, eine Kritische Theorie der Positivität[581] zu ermöglichen. Positivität wäre die Haltung aus dem Geist der Modallogik der Hoffnung heraus: Eine endogene Möglichkeit als Teil der nicht auf Faktizität reduzierten Wirklichkeit generiert die Hoffnung auf das Wirklich-Werden des Noch-Nicht. Genau dies kann auch die Kraft der psychoanalytischen Sicht[582] auf den Menschen in der Kritischen Theorie sein: Pathosophische Begriffe wie Verlust, Negativität, Ambivalenz und Trauer stehen in der analytischen Mitte eingestellt. Die Mitte kann zur Verzweiflung neigen, muss es aber nicht: Der Kipp-Effekt kann auch in die Richtung auf der Kreativität, der Selbstverwandlung und mit Blick auf einen progressiven sozialen Wandel verlaufen.

Renaissance der großen Erzählung von der Mitte der Geschichte:
Verzweiflung ← Pathosophie + Salutosophie → Hoffnung
=
endogene Modallogik der Mitte
↓
Neuentdeckung einer großen Erzählung nach dem Ende des Postmodernismus

---

Insofern ist Endogenität als Prozessgeschehensraum die generative Kraft der Praxis[583] der Immanenz, die die kritische Theorie deshalb aber nicht zum externen Paternalisismus erklärt. Wir brauchen – nach dem erfolglosen Zwischenspiel eines radikalen Postmodernismus – wieder eine große

---

578 Celikates, Robin (2009): Kritik als soziale Praxis. Gesellschaftliche Selbstverständigung und kritische Theorie. Frankfurt am Main/New York: Campus.
579 Stahl, Titus (2013): Immanente Kritik. Elemente einer Theorie sozialer Praktiken. Frankfurt am Main/New York: Campus.
580 Wallat, Hendrik (2023): Dyspraxia. Kritische Theorie im Sog der Negativität. Weilerswist: Velbrück.
581 Hobl, Barbara (2019): Moral Bricolage - über das Gute sprechen. Das paradoxe Drehmoment in der Frage nach dem guten Leben. Bielefeld: transcript.
582 Allen, Amy (2023): Kritik auf der Couch. Warum die Kritische Theorie auf die Psychoanalyse angewiesen ist. Frankfurt am Main/New York: Campus.
583 Redecker, Eva von (2018): Praxis und Revolution. Eine Sozialtheorie radikalen Wandels. Frankfurt am Main/New York: Campus.

10. Ausblick (II): Der genossenschaftliche Sozialraum als humangerechter Weg

Erzählung[584] in der Post-Postideologie-Epoche.[585] Dazu benötigen wir – jenseits der Aporien der Identitätspolitik[586] – einer konstruktiven Streitkultur[587] als agonale Ideen-Demokratie.[588]

10.3 Über den Kritizismus der dialogischen Meritorik hinaus

Doch welches Noch-Nicht als ein Neues, das allerdings in der Vorgeschichte schon Wirklichkeit im Traum war, ist hinreichend wünschenswert? Diese Frage bahnt die kritizistische Vorschaltung der dialogischen Meritorik[589] mit Blick auf die Wunschökonomik der Präferenzen. Welchen Weg muss man also gehen, wenn die Innovativität von Innovationen skaliert werden sollen? Die soeben skizzierte Arbeit an der Entwicklung eines entsprechenden Index beruht auf einem theoretischen Boden. Auf der entsprechenden Theorieebene soll nun die Aufgabe problematisiert werden.

10.4 Zur Morphologie sozialer Innovationen

Einige Überlegungen zur Morphologie sozialer Innovationen sind nötig, um die Brücke zu grundlagentheoretischen Überlegungen zu bahnen und

---

584 Breitenstein, Peggy H. (2013): Die Befreiung der Geschichte. Geschichtsphilosophie als Gesellschaftskritik nach Adorno und Foucault. Frankfurt am Main/New York: Campus.
585 Beyer, Heiko/Schauer, Alexandra (Hrsg.) (2021): Die Rückkehr der Ideologie. Zur Gegenwart eines Schlüsselbegriffs. Frankfurt am Main/New York: Campus.
586 Hanloser, Gerhard (Hrsg.) (2022): Identität & Politik. Kritisches zu linken Positionierungen. Wien: Mandelbaum Verlag eG.
587 Jalka, Susanne (2023): Streit. Über den Zusammenhang von Konflikt und Demokratie. Wien: Mandelbaum Verlag eG.
588 Agonistische Räume sind Orte, an denen freie Individuen in einem öffentlichen und nicht endenden Meinungswettstreit der Demokratie stehen. Das genuine Feld der in die Moderne transformierten agonistischen Gabe ist die demokratische Politik. Im agonistischen Diskurs unter den Bürgerlich-Gleichen, in dem sich die gemeinsame Rationalität der Ordnung immer wieder bestätigen muss, legitimiert sich auch politische Macht in der Demokratie als Herrschaftsform (Hug, Leo [2021]: Der agonistische Aspekt der Gabe. Eine theologisch-anthropologische Einordnung. Hamburg: Kovac), die ich hier nun versuche, zugleich genossenschaftlich als Bund auszulegen.
589 Schulz-Nieswandt, Frank (2022): Die Idee eines meritorischen Empowerments. Besprechungsessay zu Beate Finis Siegler (2021) Entwicklung einer Ökonomik Sozialer Arbeit aus der Retrospektive. Wiesbaden: Springer VS. In: Zeitschrift für Gemeinwirtschaft und Gemeinwohl 45 (3): S. 531-536.

10. Ausblick (II): Der genossenschaftliche Sozialraum als humangerechter Weg

sodann zu begehen. Denn die soziale Morphologie stellt Fragen zur Struktur als relationales Gitter von Merkmalen eines Gebildes, fragt aber zugleich und vor allem nach dem Sinn des Gebildes.

Nun gibt es seit Jahren auch einen Diskurs über sog. »soziale« Innovationen. Eine Analogie zu dem vorgängigen ökonomischen Verständnis von Innovationen könnte versucht werden. In der Theorie wirtschaftlicher Innovationen werden u. a. Produktinnovation und Prozessinnovation unterscheiden, sodann auch Konzeptinnovationen und Geschäftsmodellinnovationen. Schließlich geht es um Sprunginnovationen der Entstehung neuer Märkte. Warum sollte eine strukturanaloge Übertragung auf den Sozialsektor (von Care und Cure) nicht möglich sein? Dann ginge – wenn der Blick exemplarisch (und paradigmatisch wegen der Vulnerabilität zugleich) auf die Langzeitpflege im höheren Alter fokussiert – es (→ Produkte) z. B. um den Pflegeroboter Pepper und um die Schmuserobbe Paro in der Demenzversorgung. Es ginge (→ Prozesse) um »transitional planning« (als Brückenbildung in der »No Care«-Zone) in der Krankenhausentlassung als Case Management und Caring Community-Building als Sozialraumentwicklung. Es ginge (→ Konzepte) um das Akutkrankenhaus als Ort des Einwohnens für Menschen mit Demenz als neuer Programmcode der institutionellen Mesoebene der Versorgungseinrichtungen, es ginge um ein systemisches Denken und um eine achtsame Hermeneutik im professionellen Habitus[590] als Mikroebene in der konkreten Sorgearbeit[591].

Ich habe darüber nicht nur theoretisch, sondern auch in vielen angewandten Settings der empirischen Forschung gearbeitet und publiziert. Dennoch soll hier die Abstraktion zu Wort kommen. Was wäre zu verstehen als eine Innovation auf der Makroebene (des Umbaus der Versorgungslandschaften[592] durch ein transformatives Recht)? Man könnte

---

590 Schulz-Nieswandt, Frank (2015): Gerontologische Pflegekultur: Zur Notwendigkeit eines Habituswandels. In: Brandenburg, Herrmann/Güther, Heleb (Hrsg.): Gerontologische Pflege. Hogrefe, Bern: S. 305-318. Vgl. auch meine Ausführungen in der Dialogdokumentation in Brandenburg, Hermann (Hrsg.) (2023): Pflegehabitus in der stationären Langzeitpflege von Menschen mit Demenz. Stuttgart: Kohlhammer: S. 193 ff.

591 Vgl. dazu auch Schulz-Nieswandt, Frank (2023): Vom Naturrecht der Personalität zu den sozialen Praktiken der Personenzentrierung. In: Case Management 29 (2): S. 72-77.

592 In Bezug auf die Langzeitpflege vgl. auch Schulz-Nieswandt, Frank (2021): Der Gewährleistungsstaat zwischen Wächterfunktion und Innovationsinkubator. Interdisziplinäre Reflexionen zum Kulturwandel des Beratungsansatzes der Beratungs- und Prüfbehörden nach dem Landesgesetz über Wohnformen und Teilhabe des

10. Ausblick (II): Der genossenschaftliche Sozialraum als humangerechter Weg

(→ Geschäftsmodelle) die Notwendigkeit quartiersbezogener multidisziplinärer Versorgungszentren – jenseits des Betriebstypus der Praxis eines niedergelassenen Arztes (m/w/d) und des Betriebstypus eines singulären Krankenhauses – als Auf- und Ausbau lebensweltlich im niedrigschwelligen Sozialraum verankerter Medizin im Kontext der Heterogenität von Klasse, Alter, Gender und kultureller Diversität der Lebenslagenkontexte, der Zielgruppen, Bedarfslagen verstehen.[593]

Solche Fragen habe ich in vielen Studien behandelt. Sie müssen sich jetzt aber einbetten in die große Frage nach dem Sinnhorizont des Ganzen als Teil eines Wandlungsprozesses der sozialen Wirklichkeit. Warum sollte wann und wie ein Wandel hinreichend begründet sein und wozu und wem dient er?

10.5 Von der empirischen Praxeologie zur Kritik im Lichte des ontologischen Grundes

Nochmals: Der morphologische Blick fokussiert aber nicht nur auf die Strukturen, die hier vom Wandel erfasst werden. Es geht um den Sinn der Strukturen. Welcher »Geist« treibt das Geschehen in den Versorgungslandschaften auf den verschiedenen Abstraktionsebenen (auf der Mikroebene, der Mesoebene, der Makroebene) an? Ich komme also – nur konkreter – zurück auf die Sinn-Funktion der Kultur? Wohin treibt die soziale Wirklichkeit der Menschen? Ist ein neuer Zustand S2 dem alten Zustand S1 infolge bestimmter Kriterien (K) der normativ-evaluativen Prädikation des »guten Lebens« (gL) vorzugswürdig? Es gilt also:

$$(\partial gL/\partial S2 > \partial gL/\partial S1) = f(K).$$

Die Logik der Mechanismen betrifft die generativen Prozesse, in die die Produkte als Input wie als Output einzuordnen sind. Aber was ist das Telos des ganzen Geschehens? In der Outcome-Forschung würde man nun das

---

Landes Rheinland-Pfalz (LWTG). Wiesbaden: Springer vor dem Hintergrund von Schulz-Nieswandt, Frank (2020): Der Sektor der stationären Langzeitpflege im sozialen Wandel. Eine querdenkende sozialökonomische und ethnomethodologische Expertise. Wiesbaden: Springer.
593 Schulz-Nieswandt, Frank (2023): Integrierte Versorgung als humangerechte Mutation der Medizinkultur. Das Elend einer Selbstblockierung eines kranken Sektors. Berlin u. a.: LIT. Diese kritische Sicht muss man vor dem Hintergrund von vorausgegangenen Enttäuschungen einschätzen: Schulz-Nieswandt, Frank (2010): Wandel der Medizinkultur? Berlin: Duncker & Humblot.

Konstrukt der Lebensqualität einfügen, um die Ermöglichung der Partizipation am und im »guten Leben«, auf das hin eine gute, d. h. humangerechte Pflege und Medizin sowie soziale Arbeit wirksam sein soll. Doch was ist Humangerechtigkeit, die das »Gute« in der Sorgearbeit definieren soll? Zur Antwortfindung muss man die Praxeologie der empirischen Kultursoziologie zur Kritischen Theorie weiterentwickeln. Die praxeologischen Befunde – um im Theoriegebäude der Theologie der Kultur von Paul Tillich zu bleiben – der empirischen Sozialforschung des Bedingten als die jeweilige geschichtliche Ausdrucksgestalt des seienden Seins muss an dem Maßstab des Telos der Humangerechtigkeit des Unbedingten vermessen lassen.

Wenn solche Module veränderter Versorgungswelten in normativer Prädikation (als Zuschreibung von Qualitätsmerkmalen) als innovativ signiert werden, so ist das übergreifende Merkmal aller Beispiele eine Veränderung der Kultur der sozialen Praktiken, also die Folge eines praxeologischen Blicks auf (1) die Programmcodes der infrastrukturellen Settings als Orte des Leistungsgeschehens, auf die (2) kulturelle Grammatik der sozialen Interaktionen und (3) auf die Psychodynamik der habituellen Aufstellungen der Professionen, (4) in Bezug auf das Telos der heiligen Personalität, die den heiligen Bund einer Eidgenossenschaft voraussetzt. Der Bund bezieht (5) die personale Würde des Art. 1 GG auf die Idee der Miteinanderfreiheit im Lichte sozialer Gerechtigkeit des § 1 SGB I vor dem Hintergrund der Sittlichkeit im Art. 2 GG.

Hier repliziert sich Paul Tillichs Ontologie des strukturellen Kategoriengefüges der Triade von Macht, Gerechtigkeit und Liebe. Die Macht ist das Monopol auf legitime physische Gewalt des Rechtsstaates einer Demokratie[594]. Die soziale Gerechtigkeit ist die zivilgesellschaftlich fundierte Solidarität einer genossenschaftsartigen Bedarfsdeckungswirtschaft, die sich in dem re-distributiven Wohlfahrtstaat als Form des sozialen Rechtsstaates zur Ausdrucksgestalt bringt, und die Liebe ist die Kraftquelle diese Performativität der Ausdrucksgestalten. Die Abfolge einer funktionslogischen Wirkungssequenz der Werte der französischen Revolution

Solidarität → Gleichheit → Freiheit

---

[594] Zur Komplexität der verschiedenen Ebenen der Entfaltung der Demokratie vgl. auch Schulz-Nieswandt, Frank (2019): Person - Selbsthilfe - Genossenschaft - Sozialversicherung - Neo-Korporatismus - Staat. Baden-Baden: Nomos.

wird im Lichte der Theologie der Kultur bei Paul Tillich tranzendentallogisch mit Blick auf einen ontologischen Grund, der in seinem Wesen unbedingt [] ist, und dies ist die Liebe, erweitert:

[Liebe] → (Solidarität → Gleichheit → Freiheit).

Es wird mit Blick auf die Genossenschaftsidee als Gestalt der Sozialordnung des wirtschaftlichen Sorgens noch darzulegen sein, wie eine Trinitätslehre des Wahren, des Guten, des Schönen[595] morphologisch zum Zuge kommen kann.

Eine praxeologische Kultursoziologie der performativen Inszenierung der Sorgekultur (von Care und Cure) ist zwar theoretisch anspruchsvoll fundiert und ertragreich in der qualitativen Sozialforschung, doch ist sie doch nur letztendlich ein Empirismus als Generierung empirischer Befunde.[596] Zum Positivismus wird dieser Empirismus, wenn nicht geklärt wird, wie die Bedeutung der empirischen Befunde im Sinne eines normativen Blicks auf die Faktizität einzuschätzen ist: Wann (wie und warum) sind Innovationen innovativ?

10.6 Zurück aus der post-metaphysischen Kritischen Theorie

Selbst in der vom Neu-Kantianismus der südwestdeutschen Wissenschaftslehre geprägten verstehenden Soziologie von Max Weber wurde dargelegt, dass es transzendentale Wertbezüge von hoher Kulturbedeutung geben muss, wenn Erkenntnis möglich sein soll.[597] In der vom Kritizismus[598] geprägten Sozialpolitiklehre[599] muss immer in tiefster Wohlbesinnung und höchster Wohlbedachtheit die »Nützlichkeit des Nützlichen« – also im meritorischen Dialog – nachgefragt werden.

---

595 Schulz-Nieswandt, Frank (2024): [Geplanter Titel]: Kritische Theorie der Entelechie der Person als Ästhetik der Form. Über die Wahrheit der Person, das Gute der Sozialpolitik und die Schönheit der Genossenschaft. Eine Trinitätslehre der humangerechten Kultur. Würzburg: Königshausen & Neumann (i. V.).
596 Reckwitz, Andreas/Rosa, Hartmut (2021): Spätmoderne in der Krise. Was leistet die Gesellschaftstheorie? 2. Aufl. Berlin: Suhrkamp.
597 Schulz-Nieswandt, Frank (2018): Zur Metaphysikbedürftigkeit empirischer Alter(n)ssozialforschung. Baden-Baden: Nomos.
598 Petrak, Peter (1999): Ethik und Sozialwissenschaft. Regensburg: Transfer Verlag.
599 Schulz-Nieswandt, Frank/Köstler, Ursula/Mann (2021): Sozialpolitik und ihre Wissenschaft. Berlin u. a.: LIT.

10. Ausblick (II): Der genossenschaftliche Sozialraum als humangerechter Weg

Seit der zweiten Generation der Kritischen Theorie (Habermas[600] sowie Honneth[601]) in der Tradition der Klassik der Frankfurter Schule (Adorno und Horkheimer) tut sich (bis hinein in neue Versuche der jüngeren [dritten][602] und jüngsten Generation[603]) die Kritik der Empirie als rekonstruierte Realität[604] schwer infolge der dualen Trennung von Faktizität (Wahrheit) und Geltung (Normativität) im nach-metaphysischen Zeitalter.

Ohne diese (und andere[605]) Probleme hier hinreichend ausbreiten und diskutieren zu können, besteht ein anderer Weg darin, die Bedeutung des sozialen Wandels, der von Innovationen geprägt, getragen und angetrieben ist, normativ zu »vermessen«. Der Weg führt in die Rechtshermeneutik, wobei aber deutlich wird, wie sehr das positive Recht in einem komplexen Mehr-Ebenen-System von Rechtsregimen geprägt ist von der rechtsphilosophisch und ethisch mit Blick auf die gesellschaftsgestaltungspolitischen Konsequenzen überaus gehaltvollen Metaphysik des überpositiven Rechts als Ausdrucksgestalt der modernen Naturrechtslehre der menschenrechtskonventionellen Grundrechte auf personalistischer Grundlage. Ich halte demnach eine post-metaphysische Kritische Theorie[606] für problematisch.

---

600 Habermas, Jürgen (2022): Auch eine Geschichte der Philosophie. Band 1: Die okzidentale Konstellation von Glauben und Wissen. Band 2: Vernünftige Freiheit. Spuren des Diskurses über Glauben und Wissen. Berlin: Suhrkamp.
601 Honneth, Axel (2018): Anerkennung. Eine europäische Ideengeschichte. 2. Aufl. Berlin: Suhrkamp.
602 Jaeggi, Rahel (2023): Fortschritt und Regression. Berlin: Suhrkamp sowie Menke, Christoph (2018): Kritik der Rechte. Berlin: Suhrkamp.
603 Schauer, Alexandra (2023): Mensch ohne Welt. Eine Soziologie spätmoderner Vergesellschaftung. 2. Aufl. Berlin: Suhrkamp.
604 Schulz-Nieswandt, Frank/Bruns, Anne/Köstler, Ursula/Mann, Kristina (2022): Was ist »struk-jektive Hermeneutik«? Objektive Hermeneutik, Dokumentarische Methode der praxeologischen Wissenssoziologie und post-strukturale Kritische Theorie. Baden-Baden: Nomos sowie Schulz-Nieswandt, Frank (2021): Rekonstruktive Sozialforschung als strukturale Hermeneutik. Eine dichte Grundlegung. Baden-Baden: Nomos.
605 Allen, Amy (2019): Das Ende des Fortschritts. Zur Dekolonisierung der normativen Grundlagen der kritischen Theorie. Frankfurt am Main/New York: Campus.
606 Deshalb greifen viele versuche, die begründenden Grundlagen Kritischer Theorie zu klären, zu kurz: Iser, Mattias (2008): Empörung und Fortschritt. Grundlagen einer kritischen Theorie der Gesellschaft, Frankfurt am Main/New York: Campus.

10. Ausblick (II): Der genossenschaftliche Sozialraum als humangerechter Weg

10.7 Kritische Rechtsphilosophie in ethischer Absicht

Wir müssen den »Geist der Gesetze« aufgreifen und eine Kritische Theorie der Vermessung sozialer Wirklichkeit eröffnen. Von den UN-Grundrechtskonventionen über die Grundrechtscharta der EU und den Werte-Bindungen der Präambeln der Verträge (EUV, AEUV) der EU[607] als Verfassungsvertragsverbund zwischen Bundesstaat und Staatenbund bis hinein in die Wohn- und Teilhabegesetze sowie der Verordnungen der Bundesländer als Umsetzungen in Bezug auf das System der Sozialgesetzbücher im sozialen Bundesstaat (Art. 20 GG) ist eine onto-anthropologische Idee in die Tiefenstruktur eingeschrieben: die Idee der möglichst selbständigen Selbstbestimmung im Modus der nicht nur passiven (Bekommen als Nutzung), sondern auch aktiven (Bewirken als Mitgestaltung) Teilhabe am Gemeinwesen (definiert als Polis).

Damit ist einerseits die Idee der (relativen, relationalen, kontextualisierten) Autonomie des Menschen (als Netzwerkmensch[608]) im Knotenpunkt seiner sozialen Beziehungen als Selbst-Sein im sozialen Mit-Sein als ein gelingendes Miteinander in Miteinanderverantwortung in der Verfassung verankert, nämlich im Art. 2 GG als Grundlage des § 1 SGB I, dort, wo das Grundrecht auf freie Entfaltung der Persönlichkeit im Lebenslauf gebunden ist an das Sittengesetz der empathischen Rücksichtnahme auf den Mitmenschen. Diese Gegenseitigkeit der respektvollen Anerkennung des Mitmenschen verweist auf die »Sakralität der Person«[609] im heiligen Tabu-Charakter der personalen Würde als kategorischer Imperativ im Art. 1 GG, und darauf, wie dieses Naturrecht auch verankert ist in den UN-Grundrechtskonventionen, wo konstatiert wird: »dignity is inherent«.

Man wird nun – für die rationale Entzauberung der Moderne als Welt positivistischer Wissenschaft, utilitaristischer Technikakzeptanz und präferenzenliberalistischer Marktdemokratie eine Herausforderung – verstehen lernen müssen, dass es sich um ein überpositives Recht einer modernen

---

607 Schulz-Nieswandt, Frank (2023): Die Europäische Union und die Eule der Minerva. Berlin u. a.: LIT.
608 Schulz-Nieswandt, Frank (2018): Der Netzwerkmensch und die Idee der Caring Communities in alternden Gesellschaften – eine dichte Darlegung. In: Case Management 15 (1): S. 4-8. Diese Idee des Wandels der These eines vernetzten *homo oeconomicus* zu einem kulturell eingebetteten *homo figurationis* ist entscheidend.
609 Schulz-Nieswandt, Frank (2017): Menschenwürde als heilige Ordnung. Eine dichte Re-Konstruktion der sozialen Exklusion im Lichte der Sakralität der personalen Würde. Bielefeld: transcript.

10. Ausblick (II): Der genossenschaftliche Sozialraum als humangerechter Weg

Naturrechtslehre auf personalistischer Grundlage handelt. In dieser Metaphysik der uns heiligen Ordnung der personalen Würde ist der soziale Rechtsstaat und die ebenso auf die inkludierende Solidarität als Voraussetzung der Gleichheit[610] der Freiheit »Aller« (in der Tradition von 1789) verpflichtete Zivilgesellschaft (als ontologischer Grund der Freiheit des Menschen) eingebettet.

10.8 Sozialpolitik im Geiste der unbedingten Liebe

Rechtsphilosophisch mit ethischen Konsequenzen bedeutet dies für den übergreifenden Programmcode (1) der sozialstaatlichen Versorgungslandschaften als Gewährleistung der Sicherstellung der infrastrukturellen Möglichkeitsräume und (2) für die wohlfahrtsgesellschaftlichen Sorgekulturen in der Konsequenz eine sozialinvestive (sozI) »Capability«-Orientierung (Cap) in Bezug auf Abilities (A) und auf Capacities (C), also, eingebettet in eine transaktionale Funktionslogik, einerseits in Bezug auf die Kompetenzen in der Persönlichkeitsentwicklung der Menschen wie andererseits auf die infrastrukturellen Möglichkeitsräume, wobei es um das Telos (T) der Personalisierung (P) als Funktion (f) der transzendentalen Politik der Daseinsgestaltung aus dem Geist der Liebe (L), die hier den Zusammenhang (■) klammert

({ ■ })

---

[610] Gosepath, Stefan (2004): Gleiche Gerechtigkeit. Grundlagen eines liberalen Egalitarismus. 2. Aufl. Frankfurt am Main: Suhrkamp sowie Allen, Danielle (2022): Politische Gleichheit. Berlin: Suhrkamp. Ferner: von Gleichenstein, Hans (2023): Theorie des verfassungsrechtlichen Gleichheitssatzes. Ein systemtheoretischer Ansatz. Weilerswist: Velbrück. Gegenüber der Frage nach der ökonomischen Gleichheit geht es also um die politische Gleichheit im Sinne der bürgerlichen Gleichrangigkeit, die die Demokratie zu einem emanzipatorischen Projekt der Herrschaft des Volkes macht. Dazu auch Richter, Emanuel (2016): Demokratischer Symbolismus. Eine Theorie der Demokratie. Berlin: Suhrkamp. Doch auch hier – in dieser Sicht auf einen symbolischen Raum – fragt es sich, wie die Agonalität der Ideen und die kommunikative Verständigung über die Interessen eingefangen werden können ohne einen kollektiv geteilten Glauben an die Fundamentalnormen der personalen Würde und der daraus ableitbaren inklusiven Grundrechte, die die eigenen individuellen Identitätsverständnisse nicht über die Antidiskriminierungsgebote gegenüber dem Anderen stellen darf. Es gilt nicht: „Andere Länder, andere Sitten", wenn sich diese Sitten praxeologisch auf soziale Praktiken der Verletzung der Grundrechte der Mitmenschen beziehen. Nur jenseits der ewigen Unverfügbarkeit der Sakralität der Personalität im transzendentalen Modus eines eidgenössischen Bundes ist tolerante Diversität möglich.

10. Ausblick (II): Der genossenschaftliche Sozialraum als humangerechter Weg

geht:

$$\{L \to sozI \to f\,[Cap] \to A \to (P = T) \leftarrow C \leftarrow f\,[Cap] \leftarrow sozI \leftarrow L\}.$$

Diese Gestaltlehre der Sinn-Funktion der Kultur aus dem unbedingten Geist der Liebe heraus hat eine Konsequenz[611]: Der Mensch hat angesichts seiner Vulnerabilität ein Grundrecht[612] auf Umwelten des gelingenden Lebenszyklus als ein Werden in wachsenden Ringen.[613] Der Sozialraum verweist uns nun auf den genossenschaftsartigen Charakter der nachbarschaftlichen Gemeindeordnung im Wohnumfeld des Mikrokosmos des Wohnens des Menschen.[614] Darauf bezieht sich die Idee der kommunalen Daseinsvorsorge[615] unter Einbezug der Zivilgesellschaft.[616]

Man wird hierbei das Böckenförde-Diktum, wonach der Rechtsstaat allerdings seine eigenen normativen Voraussetzungen nicht selbst generieren kann, sondern hier – im Sinne des Durkheim-Theorems der nicht-vertraglichen Voraussetzungen der Vertragsgesellschaft – angewiesen ist auf die Kultur der Zivilgesellschaft, dergestalt auslegen können, dass die heilige

---

611 Heerdt, Christian/Schulz-Nieswandt, Frank (2022): Das Grundrecht auf Sozialraumbildung im Lichte des Menschenbildes der „sozialen Freiheit" des bundesdeutschen Grundgesetzes: Lehren aus der Corona-Krise. In: Sozialer Fortschritt 71 (10): S. 771–789.
612 Schulz-Nieswandt, Frank (2021): Grundrechtverletzungen durch eine Kultur der Kasernierung in Pflegeheimen - zur Psychodynamik von Angst, Solidarität und Ausgrenzung In: Mai, Markus (Hrsg.): Die Pflege und die Coronapandemie in Deutschland. Folgen für Profession und Versorgung. Stuttgart: Kohlhammer: S. 48-66.
613 Schulz-Nieswandt, Frank/Köstler, Ursula/Mann, Kristian (2022): Gestaltwerdung als Gelingen der Daseinsführung im Lebenszyklus. Das Erkenntnisinteresse der Kritischen Wissenschaft von der »gerontologischen Sozialpolitik«. Baden-Baden: Nomos.
614 Schulz-Nieswandt, Frank/Moldenhauer, Joschka (2023): Tischgenossenschaft und Genossenschaft der Tische. Eine kleine Morphologie der Miteinander-Gabe und der Für-Gabe für Andere als Formen sozialer Beziehungen Berlin u. a.: LIT.
615 Schulz-Nieswandt, Frank (2019): Daseinsvorsorge. In: Ross, Friso/Rund, Mario/Steinhaußen, Jan (Hrsg.): Alternde Gesellschaften gerecht gestalten. Stichwörter für die partizipative Praxis. Opladen u. a.: Barbara Budrich: S. 219-227. Ferner in Schulz-Nieswandt, Frank (2017): Personalität, Wahrheit, Daseinsvorsorge. Spuren eigentlicher Wirklichkeit des Seins. Würzburg: Königshausen & Neumann
616 Schulz-Nieswandt F (2023): »Alltagsbegleitung, Betreuung und haushaltshilfliche Dienstleistungen im Alter« der BürgerSozialGenossenschaft Biberach eG. Forschungsbericht zur Begleitung des Projekts „In Würde zu Hause alt werden" im Modus narrativer Ethnographie. Baden-Baden: Nomos.

10. Ausblick (II): Der genossenschaftliche Sozialraum als humangerechter Weg

Ordnung der personalen Würde verankert ist in einem eidgenössischen Bund über die Miteinanderfreiheit in Miteinanderverantwortung.[617]

10.9 Normative Praxeologie der transaktionalen Aktualgenese

Damit geht es in der Gesellschaftspolitik des säkularen und laizistischen sozialen Rechtsstaates nicht mehr nur um die Gewährleistung der »negativen« Freiheit[618], sondern um die »soziale«, also gemeinsame Freiheit.[619] Auf diese Ordnung der Würde ist die Frage der Vermessung der Innovatität von Innovationen zu beziehen, um dergestalt zu skalieren, inwieweit die Würde (organisiert als Ordnung des Programmcodes der inkludierenden Reziprozität der selbstständigen Selbstbestimmung im Modus der Teilhabe) in einer Kultur der sozialen Praktiken performativ durchsetzt wird gegenüber den Praktiken der Demut: der Bevormundung, der Kränkung, der Ausgrenzung. Die Demütigung ist der Gegenstand der empirischen Praxeologie der Exklusion. Die Würde ist der Gegenstand der empirischen Praxeologie der Inklusion:

Würde → Inklusion ↔ Exklusion ← Demütigung.

In der Ordnung der Inklusion werden – im Sinne der tranzendentalen Ontologie der Liebe in der Theologie der Kultur von Paul Tillich – die Menschen zur Partizipation am Gemeinwesen befähigt. Diese Inklusion bezieht sich auf den gesamten Lebenszyklus. Der Kern des innovativen Weges in eine andere Zukunft ist demnach die Etablierung einer Politik der Aktualgenese[620] als transaktionaler Wesenskern innovativer Umwelten des gelingenden Alterns im Lebenslauf der Menschen. Anders formuliert:

(1) Der Kern einer solchen Innovationskultur der Sozialpolitik des sozialen Rechtsstaates und seiner Zivilgesellschaft ist die aktualgenetisch

---

617 Schulz-Nieswandt, Frank (2022): Der heilige Bund der Freiheit: Frankfurt – Athen - Jerusalem: eine Reise. Baden-Baden: Alber in Nomos.
618 Taylor, Charles (1992): Negative Freiheit? Zur Kritik des neuzeitlichen Individualismus. 8. Aufl. Frankfurt am Main: Suhrkamp.
619 Schulz-Nieswandt, Frank (2022): Gemeinwohl in einer Gesellschaft des privatbesitzrechtlichen Individualismus. Baden-Baden: Nomos.
620 Schulz-Nieswandt, Frank (2023): Aktualgenese und Selbsttranszendenz als Wesenskern innovativer Langzeitpflege am Beispiel der Tagespflege. In: ProAlter 55 (3): S. 4-9.

10. Ausblick (II): Der genossenschaftliche Sozialraum als humangerechter Weg

codierte, also auf Aktivierung des Menschen als »Naturwesen mit Geist«[621] abstellende Wirklichkeit sozialer Praktiken.

(2) Der leibliche Mensch in seiner Strukturschichtung von Geist, Seele und Körper steht hierbei transaktional in einem responsiven Weltverhältnis zu seiner Mitwelt und Umwelt.

(2a) Die Transaktionalität meint eine Kreislaufbildung durch die Wechselwirkung von Merkcharakter der Umwelt (Merkwelt) und Wirkcharakter der menschlichen Person (Wirkwelt):

Merkwelt → Mensch → Wirkwelt.

(2b) Die Responsität verweist auf eine gewisse asymmetrische Reziprozität im Modus der aktiven Passivität des konkreten Menschen, der geschichtlich immer in diese vorgängige Welt des Gegeben-Seins eingestellt ist.[622]

(3) Die Aktualgenese ist nun der Gestalt-theoretisch fassbare Gedanke der bemächtigenden (→ Empowerment) Befähigung (→ Capability) des Menschen als ein Werden in wachsenden Ringen[623] im Lebenszyklus, reguliert von der rechtsphilosophischen Idee des Grundrechts der freien Entfaltung der Persönlichkeit im transzendentalen Kontext der sozialen Freiheit des Miteinanders, die eine Ethik der solidarischen Miteinanderverantwortung nach sich zieht.

Der Schritt (3) ist nun der transzendentale Grund im Sinne einer Metaphysik der hinreichenden Begründung der positiven Praxeologie der Inklusion der Schritte (1) und (2), die sich von einer negativen Praxeologie der Exklusion abgrenzt.

---

621 Schulz-Nieswandt, Frank (2023): Der Mensch als geistiges Naturwesen bei Adolf Portmann (1897-1982). Reflexionsfragmente in Lichte eigener autobiographischer Perspektiven. Baden-Baden: Nomos.
622 Schulz-Nieswandt, Frank (2023): Onto-Poetik der responsiven Gabe. Baden-Baden: Alber in Nomos.
623 Kruse, Andreas (2023): Leben in wachsenden Ringen. Sinnerfülltes Alter. Stuttgart: Kohlhammer.

10. Ausblick (II): Der genossenschaftliche Sozialraum als humangerechter Weg

10.10 Entelechie der conditio humana *als selektive Optimierung*

Letztendlich ist es eine Metaphysik der Optimierung der Ausschöpfung des positiven Potenzials der *conditio humana*, die eine Polaritätsstruktur[624] von (1) Würde als Bezugspunkt und Vulnerabilität als Ausgangspunkt und (2) der Demütigung aufweist[625]. Die Theologie der Kultur in praktischer (ethischer) Absicht vitalisiert den *homo donans* und minimiert die Praxis des *homo abyssus.*:

> *Würde ← homo donans ↔ homo abyssus → Demütigung.*

Die (idealtypische[626]) Gabe[627] – gedacht im epistemischen »als-ob«-Status – der Liebe als ontologischer Grund wird zur positiven Praxeologie des Gebens im seienden Sein der Kultur. Praxeologie ist somit kein reiner Empirismus mehr. Die positive Praxeologie ist auch kein Positivismus mehr, sondern sie hat die Spiegelung der Empirie des Seienden im Lichte der Metaphysik des ontologischen Grundes der Liebe des *homo donans*. Dieser ist aber infolge seiner *pneumatischen Paideia* als Praxis der Sinn-Funktion der Kultur erfüllt vom Geist der Liebe als das Unbedingte des Weltgeschehens in der Geschichte. Die teleologische Idee der Erfüllung der Kultur der Menschen und somit des Innenraums der Menschen mit dem Pneuma der Liebe ist der Raum der Entfaltung der Entelechie: ein dynamischer Prozess-Raum der Gestalt-Werdung der Personalität der sich selbst-transzendierenden und in diesem Sinne responsiven Person. Bezugspunkt dieser transgressiven Responsität (in den Stufen von Oikos, Polis, Kosmos) ist die unbedingte Idee der Liebe.

---

624 Schulz-Nieswandt, Frank (2021): Der apollinisch-dionysische Geist der Sozialpolitik und der Gemeinwirtschaft. Dialektische Poetik der Kultur zwischen Würde und Verletzbarkeit des Menschen. Baden-Baden: Nomos.
625 Schulz-Nieswandt, Frank (2021): Verletzbarkeit und Würde. In: Klapper, Bernadette/Chichon, Irina (Hrsg.): Neustart! Für die Zukunft des Gesundheitswesens. Berlin: MWV: S. 345-356.
626 Schulz-Nieswandt, Frank (2023): Die Gabe als Idealtypus und ihre Erwiderungen: Mehr als Reziprozität. In: Hutter, Michael/Priddat, Birger P. (Hrsg.): Geben, Nehmen, Teilen. Gabenwirtschaft im Horizont der Digitalisierung. Frankfurt am Main/New York: Campus: S. 169-186.
627 Vgl. u. a. Schulz-Nieswandt, Frank/Micken, Simon (2021): Die Gabe. Kulturgrammatischer Baustein und generative Form der genossenschaftsartigen Sozialgebilde. Berlin u. a.: LIT.

10. Ausblick (II): Der genossenschaftliche Sozialraum als humangerechter Weg

Damit glaube ich, eine fortschrittlichere Metaphysik der sozialen Wirklichkeit vorgelegt zu haben als im Fall des linken Sozialkonservatismus[628], auf dessen Spuren hin zu einem religiösen Sozialismus ich an anderer Stelle[629] war.

10.11 Sorge als soziale Interaktionsarbeit

Nochmals wende ich mich in paradigmatischer Absicht exemplarisch der Vulnerabilität der Hochaltrigkeit[630] zu.[631] Eine aktualgenetische Kultur der sozialen Praxis bedeutet in der Langzeitpflege eine »gute« Pflege, die beiträgt zur Teilhabe an einem »guten Leben« der (nicht nur auf Disability abstellenden) Inklusion, die somit Demütigung, Bevormundung und Ausgrenzung vermeidet bzw. optimal minimiert.

Pflege ist immer eine soziale Interaktionsarbeit, normativ nicht (faktisch schon[632]) reduzierbar auf eine Lebenswelt eines »sicher, sauber, satt, still«-Dispositivs[633]. Daran ist die Humangerechtigkeit der Sorgekultur in stationären oder teilstationären Einrichtungen zu vermessen. Die Hybridität einer »stambulanten« Form, die nicht vom binären „ambulant vor stationär"-Code des § 3 SGB XI morphologisch angemessen erfasst werden, ist – wie im Fall der Tagespflege[634] – nicht *a priori* ein hinreichendes Merkmal von Innovation. Es kommt auf den teleologischen Geist in dem Leistungsgeschehen an. Die kritische Prüffrage lautet: Was passiert mit, am, im und

---

628 Hengstenberg, Hans-Eduard (1949): Grundlegungen zu einer Metaphysik der Gesellschaft. Nürnberg: Glock und Lutz sowie Hildebrand, Dietrich von (1955): Metaphysik der Gemeinschaft. Regensburg: Josef Habbel Verlag.
629 Schulz-Nieswandt, Frank (2018): Metaphysik der Sozialpolitik. Richard Seewald und der Renouveau catholique: Spurensuche auf dem Weg zum religiösen Sozialismus. Würzburg: Königshausen & Neumann.
630 Kruse, Andreas (2017): Lebensphase hohes Alter: Verletzlichkeit und Reife. Berlin: Springer.
631 Schulz-Nieswandt, Frank (2021): Wann ist eine soziale Innovation innovativ? Der erkenntnistheoretische Status eines »Index der Non-Exklusion«. Berlin. www.kda.de.
632 Schulz-Nieswandt, Frank (2021): Die Würde der Person: als Naturrecht tabu, empirisch vulnerabel. In: Case Management 18 (2): S. 57-65.
633 Schulz-Nieswandt, Frank (2022): Lehren aus Corona-Krise: Sozialraumbildung als Menschenrecht statt »sauber, satt, sicher, still« In: Breitbach. Verena/Brandenburg, Hermann (Hrsg.): Corona und die Pflege. Wiesbaden: Springer: S. 87-107.
634 Rehner, Caroline (2023): Soziale Innovationen in der Tagespflege. Baden-Baden: Nomos.

10. Ausblick (II): Der genossenschaftliche Sozialraum als humangerechter Weg

durch den vulnerablen Menschen in dessen Einheit von Geist, Seele und Menschen?

Zum weiteren Verständnis mag ein Verweis auf die neuere hermeneutisch-phänomenologische Psychologie des Wohnens und der Architektur hilfreich sein. Man wird sich die Dramatik des Themas verständlicher machen können, wenn man die Langzeitpflege aus der Perspektive einer daseinsanthropologisch fundierten Psychologie des personalen Erlebniserfahrungsgeschehens begreift. In der raumtheoretisch fundierten neueren Architekturtheorie haben sich phänomenologisch-hermeneutische Ansätze herausgebildet, die nun nochmals besser verstehen lassen, was mit und in dem Menschen (als Einheit von Geist, Seele und Körper) im Zuge seiner Responsität in und durch die Umwelten, in die er eingestellt ist, passiert, eben dann, wenn der vulnerable Mensch diesen Umwelten als Erfahrungserlebnisraum als Geschehensprozessen ausgesetzt ist. Wann generiert sich im Innenleben in solchen Settings der Mensch-Umwelt-Interaktion ein »epiphanisches« Erleben von Licht, Farben, Musik, auch – alles zu seiner Zeit – als »Musik der Stille«, damit ein weiteres Werden der vulnerablen Persönlichkeit des alten Menschen in wachsenden Ringen angesichts seiner Fähigkeit zu schöpferischen[635] Plastizität[636] möglich wird? Und wie steht es in der Außenbeziehung um – entgegen der »Kasernierung«– die Sozialraumöffnung[637] der Heime[638], die zur Lebendigkeit des Innenraums[639], wo es auch um Digitalisierung, Alltagsnormalisierung und Kunst, aber auch um Gärten und Haustiere geht, beitragen soll?[640]

---

635 Kruse, Andreas (2014): Die Grenzgänge des Johann Sebastian Bach. Psychologische Einblicke. 2. Aufl. Berlin: Springer.
636 Schwarte, Johannes (2015): Die Plastizität des Menschen. Ergebnisoffenheit und Beeinflussbarkeit der Persönlichkeitsentwicklung. 2., aktual. Aufl. Baden-Baden: Nomos.
637 Schulz-Nieswandt, Frank (2021): Vorwort sowie weitere Abschnitte (S. 433 ff.; 527 ff.) in Brandenburg, Hermann u. a. (Hrsg.): Organisationskultur und Quartiersentwicklung. Wiesbaden: Springer.
638 Schulz-Nieswandt, Frank (2021): Abschied von der „Kasernierung" Ein Kulturwandel in der Langzeitpflege ist nötig. In: Dr. med. Mabuse 253 (Sept./Okt.), S. 28-30.
639 Schulz-Nieswandt, Frank (2021): Das inkludiernde De-Institutionalisierungsgebot im Lichte der Dramatik stationärer Pflege unter Corona-Bedingungen. In: Sozialer Fortschritt 70 (11-12): S. 603-613.
640 Schulz-Nieswandt, Frank (2021): Der Mensch als Keimträger. Hygieneangst und Hospitalisierung des normalen Wohnens im Pflegeheim. Bielefeld: transcript; Schulz-Nieswandt, Frank (2021): Der alte Mensch als Verschlusssache. Corona und die Verdichtung der Kasernierung in Pflegeheimen. Bielefeld: transcript.

10. Ausblick (II): Der genossenschaftliche Sozialraum als humangerechter Weg

10.12 Das Recht auf Sozialraumbildung

Das Resultat all dieser Überlegungen ist die Formulierung eines Rechts auf die – genossenschaftsartige – Sozialraumentwicklung. Der Mensch in seiner psychodynamisch (und bindungspsychologisch) verstehbaren Bedürftigkeit an Geborgenheit ist auf das Gelingen seiner Formen kultureller Einbettung und sozialer Verkettung angewiesen.

Der Sozialraum sind die Netzwerke, in denen sich der Mensch in der Reziprozität von Geben und Nehmen entfalten kann. Die narrative Identität des Menschen ist vor diesem Hintergrund der Arbeit an der Erinnerung der Erfahrung des Erlebens von Ereignissen im Kontext der Geschichten, die das Leben als Drama schreibt. Das Dasein des Menschen ist eben eine Ontodramatik zwischen Gelingen und Scheitern.[641] Die Idee der Teilhabe ist insofern eine präventive Praxis gegen den »sozialen Tod«, denn die Menschen haben bis in das letzte Lebensjahr hinein ein Bedürfnis nach Generativität.

Innovationen sind daran zu messen, ob sie zu der Sozialraumentwicklung positiv beitragen und somit – und hier bin ich nun zum Ende der Abhandlung hin wieder in der transzendentalen Strukturontologie der Entfremdung und ihrer Überwindung von Paul Tillich angelangt – zum Gelingen, nicht zum Scheitern in Formen der Entfremdung: der Einsamkeit, der Sinnleere, der existenzialen Angst und der Verzweiflung.

10.13 Individualtherapie und kollektives Lernen

Im Horizont eines individuellen Lebenszyklus mag hier eine Humanismus-orientierte Psychotherapie[642], fundiert in einer Anthropologie der Person und geprägt von einer daseinsthematisch orientierten hermeneutisch-phänomenologischen Psychiatrie, ansetzen, um sich aus der bindungspsycho-

---

641 Schulz-Nieswandt, Frank (2023): Altern als Wagnis des Daseins der Person zwischen Gelingen und Scheitern als Thema der Sozialpolitik. Zur Schnittfläche von Sozialpolitik und Gerontologie angesichts der conditio humana. In: Pfaller, Larissa/Schweda, Mark (Hrsg.): "Successful Aging"? Leitbilder des Alterns in der Diskussion: Wiesbaden. Springer VS (i. E.).
642 Petzold, Hilarion G. (Hrsg.) (2015): Die Menschenbilder in der Psychotherapie. Interdisziplinäre Perspektiven und die Modelle der Therapieschulen. 2. Aufl. Bielefeld: Aisthesis.

10. Ausblick (II): Der genossenschaftliche Sozialraum als humangerechter Weg

logischen Diagnostik heraus sich den charakterneurotischen Verstiegenheiten[643] bis hin zu posttraumatischen Belastungsstörungen zu widmen.

Im Horizont der Generationen-übergreifenden Zeitgeschichte einer Epoche geht es jedoch um ein kollektives Lernen als gemeinsame Selbst-Befreiung durch ein »Commoning« des Gemeinwohls.[644] Dies führt uns aber in – neben der Sozialpolitik – zu einer zweiten Säule der Zukunft einer besseren Welt: zur Gemeinwirtschaft.[645]

Das diesbezügliche Schrifttum der Kölner Schule der Genossenschaftsforschung wäre aber ein weiteres, weites Feld, das einer Explikation bedürfte.[646]

---

643 Binswanger, Ludwig (2010): Drei Formen missglückten Daseins. Verstiegenheit, Verschrobenheit, Manieriertheit, (1956). Reprint. Berlin: De Gruyter.
644 Schulz-Nieswandt, Frank (2021): Kardinalfragen einer zukünftigen Wissenschaft heterotoper Gemeinwirtschaft. In: Zeitschrift für Gemeinwirtschaft und Gemeinwohl 44 (1): S. 135-143.
645 Schulz-Nieswandt, Frank (2023): Konturen eines transformativen Rechts mit Blick auf die Förderung einer Gemeinwohlökonomie. In: Nothdurfter, Urban u. a. (Hrsg.): Promoting Social Innovation and Solidarity Through Transformative Processes of Thought and Action. A Lifetime for Social Change – Tribute to Susanne Elsen. Bozen: Bozen University Press: S. 47-55 sowie Schulz-Nieswandt, Frank (2023/24): Genossenschaften: Ausblick auf die Zukunft. In: Blome-Drees, Johannes/Göler von Ravensburg, Nicole/Jungmeister, Alexander/ Schmale, Ingrid/Schulz-Nieswandt, Frank (Hrsg.): Handbuch Genossenschaftswesen. Wiesbaden: Springer VS.
646 Insofern schließt sich hier die nächste Abhandlung an: vgl. Schulz-Nieswandt, Frank (2024): Genossenschaft, Sozialraum, Daseinsvorsorge. Die Wahrheit der Form und ihr Wirklich-Werden in der Geschichte im Ausgang von Paul Tillich. Baden-Baden: Nomos (i. D.)

Nachwort: Das Theodizee-Problem im Lichte der Offenheit des Bedingten für die Immanenz des Unbedingten

Das Theodizee-Problem[647] ist dann ein integrierter, also subsumierbarer Teil der Kontingenzbewältigungsfunktion der Religion, weil es um die Risiken im dramatischen Wagnis des Daseins, um das Eintreten von kritischen Lebensereignissen[648] bzw. in Grenzsituationen im Lebenslauf geht.

Dort, wo es nicht mehr um erfolgreiche Bewältigung geht, geht es nur noch um Trost. Sofern es sich um Fragen der sozialen Ungerechtigkeit geht, hat die Theologie der Kultur von Paul Tillich eine Antwort: Sich vom richtigen Geist beseelen lassen und die konkrete Utopie des freiheitlichen Sozialismus anstreben, ist eine Haltung, die die Mitverantwortung des Menschen in seinem Schicksalszusammenhang verdeutlicht, wenn er in seiner Responsität in kreativer Weise offen ist für die Ein-Faltung des Geistes, der das Tor zur Erlösung in einem sozialeschatologischen Sinne öffnet, einem Stern in der Immanenz der Geschichte folgend, einem Stern, der den Blick auf den Horizont der Hoffnung auf eine gemeinsame Befreiung zum Miteinander in gemeinsamer Verantwortung bahn.

Im letztendlichen Kern ist das immer noch jener Freiheitsgrad des einzelnen Menschen, den wir aus den Epen Homers kennen, wenn es um das Walten der Schicksalsgötter[649] geht. Dennoch ist nicht nur die Reflexion der eigenen Subjekthaftigkeit in der Moderne angestiegen, auch das Wissen um die damit verbundene sittliche Verantwortung, die jedoch wiederum in pathogener Weise verloren geht, wenn sich die Subjektivität zur manischen Hybris des ikarischen Prometheus des modernen Narzissmus des Objektbesetzungswahns der instrumentellen Vernunft steigert. Wiederum dreht sich die Erörterung um das Thema der Entfremdung im Werk von

---

647 Vgl. auch Kress, Christine (1999): Gottes Allmacht angesichts von Leiden. Zur Interpretation der Gotteslehre in den systematisch-theologischen Entwürfen von Paul Althaus, Paul Tillich und Karl Barth. Göttingen: Vandenhoeck & Ruprecht.
648 Filipp, Sigrun-Heide/Aymanns, Peter (2018): Kritische Lebensereignisse und Lebenskrisen. Vom Umgang mit den Schattenseiten des Lebens. 2., aktual. Aufl. Stuttgart: Kohlhammer.
649 Berti, Irene (2017): Gerechte Götter? Vorstellungen von göttlicher Vergeltung im Mythos und Kult des archaischen und klassischen Griechenlands. Heidelberg-München: Propylaeum.

Nachwort

Paul Tillich. Es geht um den Menschen zwischen Entfremdung einerseits und wahrer Form andererseits. Ob es eine Wahlfreiheit ist, die im Sinne der Ethik dem Menschen zukommt, wird man in den Grenzen seiner Bedingtheit beantworten müssen: Ja, allerdings muss er eine Ahnung von der richtigen Sinn-Funktion der Kultur als Geist des Unbedingten haben. Wahrheit in der Geschichte ist eine Frage der der transzendentalen Offenheit für die transzendentale Selbst-Offenbarung der Idee der unbedingten Liebe.